映像配信サービス「Lemino」オリジナルドラマ

# Actress アクトレス

## 公式メモリアルブック



## CONTENTS

「ドミナン事件」から5年……。
森奈緒、片山希莉、中島(旧姓・市原)琴音は自立し、新生活を始めていた。
奈緒は警察官を辞め、探偵事務所に就職、
希莉は「劇団 霧組」を主宰し、
脚本・演出で活躍。琴音は一児の母となり、
カフェ「ドミナン」を切り盛りしていた。
そんな彼女たちに、
あらたな悲劇がふたたび襲いかかる。

「劇団 霧組」主宰—片山希莉

探偵事務所勤務—森 奈緒

カフェ「ドミナン」経営・一児の母—中島琴音

人気女優の死、希莉の失踪……。
家族の絆、友情をあらためて考えさせられるミステリードラマ

東京で音楽活動―市原叶音

探偵事務所勤務―田川朋美

人気女優―真瀬環菜

劇団員―天野美樹

# 相関図

奈緒の父
森 俊徳
（アキラ100%）

奈緒の母
森 楓
（粟田 麗）

上京した一人娘の奈緒が帰省するのが楽しみ。楓はガンを患い、現在は療養中

## 和田徹探偵事務所

所員・経理担当
大倉 学
（矢柴俊博）

所長
和田 徹
（菅原大吉）

奈緒と朋美を温かく、ときに厳しく見守る2人。和田は凶悪事件を扱う捜査一課の元刑事

森 奈緒
（森田ひかる）

高校時代からの親友

母の病気を機に警察官を辞めて探偵に。夢に近づいている希莉を羨ましく思っている

仕事のバディ

田川朋美
（大園 玲）

明るく行動力がある。奈緒を引っ張る、よき先輩。大倉と報告書の件などでよくやり合う

高校時代の先輩・後輩

妹
市原叶音
（早川聖来）

ふだんは東京で一人暮らしをしているが、自転車で転んで骨折したため、実家に帰省中

姉妹

姉
中島琴音
（小林由依）

父の静男から、カフェ「ドミナン」を継ぐ。奈緒に朋美が勤める探偵事務所を紹介した

## カフェ「ドミナン」

琴音・叶音の父
市原静男
（宮川一朗太）

カフェ「ドミナン」2号店で働いている。2人の娘のことをとても大切に思っている

琴音の娘
中島 奏
（秋山加奈）

琴音の夫
中島和志
（押田 岳）

琴音と叶音の幼馴染みでもある。子煩悩で娘の奏と一緒に過ごす時間を大切にしている

# Actress

## 劇団霧組

希莉の
大学時代の先輩
**浜山田屯平**
（ヤング・ポール）

希莉の大学の演劇部の先輩で〝ボス〟と呼ばれている。芸能事務所の鴻巣とも知り合い

劇団員
**阿部幸宏**
（前原瑞樹）

劇団霧組の制作担当。劇団のお金を預かることもあり、希莉からの信頼がうかがえる

劇団員
**吉田ポー子**
（日高七海）

役者にプライドを持っている。高円寺にある古着店でアルバイトをしている。本名は保子

希莉の母
**片山ユキ**
（渡辺満里奈）

子供には堅実な仕事に就いてほしいと考え、演劇に関わっている希莉に冷たいが……

後輩
**天野美樹**
（林 瑠奈）

希莉の大学の演劇部の後輩で、現役大学生。希莉の家に居候している。愛称はミッキー

先輩・後輩

小説『エスケープ・ビヨンド』

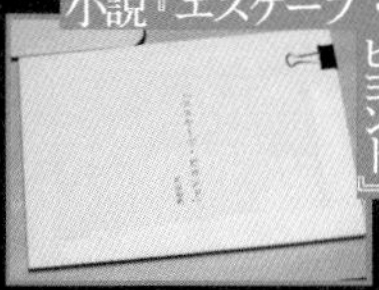

環菜の処女作として発表。注目を集め、内容を模倣した事件が発生する。通称「エスビヨ」

**片山希莉**
（齊藤京子）

劇団霧組を主宰し、脚本・演出を担当する傍ら、高校時代から小説を書いている

## 芸能事務所「オフィス・デライト」

環菜のファン
**日枝雅史**
（上川周作）

環菜に会うために出待ちをして声をかけるなど、ストーカー的な一面を持っている

警戒

環菜のマネージャー
**加藤里英**
（上原実矩）

環菜を献身的に支える。環菜のSNSの投稿をまとめたエッセイ本の制作に力を入れる

支える

人気女優
**真瀬環菜**
（伊藤理々杏）

数々の映画、ドラマで主演を務めている。SNSの総フォロワー数は400万人を超える

「週刊リアル」
カメラマン
**飯沼由芽**
（本間日陽）

『エスケープ・ビヨンド』をめぐる事件を調べ、ネットニュースにしようとしている

「永和出版」編集者
**大木征志郎**
（森岡 龍）

『エスケープ・ビヨンド』の配信を手がけるが、模倣事件が複数件起き、継続を躊躇う

環菜の小説を配信

プロデューサー
**鴻巣清継**
（袴田吉彦）

環菜の演技に将来性を感じている。強引なやり方で環菜をさらに売り出そうと画策する

その展開に息をのみ、涙する!

# 名シーングラフィティ

## ストーリーpart

高校時代から唯一無二の友・奈緒と希莉。そんな２人の前に、ふたたびミステリアスな事件が立ちはだかる。

### 環菜×希莉の衝突

希莉「あなたの目線の先は、自分です。自分しか見えてない芝居は芝居じゃないです」

「女優の恨みは、怖いですよ」

希莉は自身が主宰する劇団の公演後、焼肉店で人気女優の真瀬環菜に偶然出会う。演技論が白熱し、立ち上がって言い合いになる２人。お互いに最悪の印象を持つことに（第１話）

### 環菜、衝撃の死

ＳＮＳの総フォロワー数は４００万人を超え、そのＳＮＳで紹介された商品は軒並み大ヒット。若者への影響力は絶大――

環菜の小説を模倣した事件が発生し、世間を騒がせるなか、環菜は自宅マンションで何者かに刺殺されてしまう。犯人はいったい……。そして、希莉にも疑いの目が向けられる（第１話）

## 奈緒と希莉、久しぶりの再会も
## すれ違う2人

奈緒「すごいね、希莉。
なんか、すっかり芸能界の人って感じ」

有名人の環菜に臆することなく、堂々と自分の意見を述べる希莉を目の当たりにした奈緒。自分だけが取り残されたような気持ちになるが、希莉には素直に話せない（第1話）

共通の友人である琴音のもとに希莉のことを尋ねる不審な電話があったことを聞いた奈緒。探偵事務所の先輩・朋美とともに、希莉の行方を追うための聞き込みを始める（第2話）

## 突然姿を消した希莉。
## 奈緒と朋美は捜索を始める

奈緒「なんか……嫌な予感がするんですよね」
朋美「……元刑事の勘ってやつかな」

小説『エスケープ・ビヨンド』を真瀬環菜名義で発表しようとする鴻巣に、希莉は猛反発。しかし、鴻巣に弱みを握られている希莉は容認せざるを得ない（第３話）

## 小説をめぐり対立する希莉と鴻巣

希莉「作品は、作家にとって我が子も同然なんです!」

## 奈緒、涙の決意

奈緒「もう逃げたくないと思い、ここに来ました……」

探偵事務所の面接で、警察官を辞めた理由を尋ねられた奈緒。きっかけは母親の病気だったが、中途半端に仕事を投げ出してしまったことへの後悔の涙を見せる（第３話）

希莉の行方の手がかりを求め、琴音のもとを訪ねる途中で事故に遭った美樹。彼女が意識を取り戻し、失踪前の希莉の様子を琴音に伝えたことで事件は大きく動きだす（第4話）

美樹「希莉さんはずっとネットで調べてました。それである日、突然帰って来なくなったんです」

## 緊迫の監禁

粘着テープで口をふさがれ、暗い部屋に監禁される希莉（第4話）。第5話では、希莉を閉じ込めた犯人が環菜の熱烈なファン・日枝であることと監禁までの経緯も明らかに

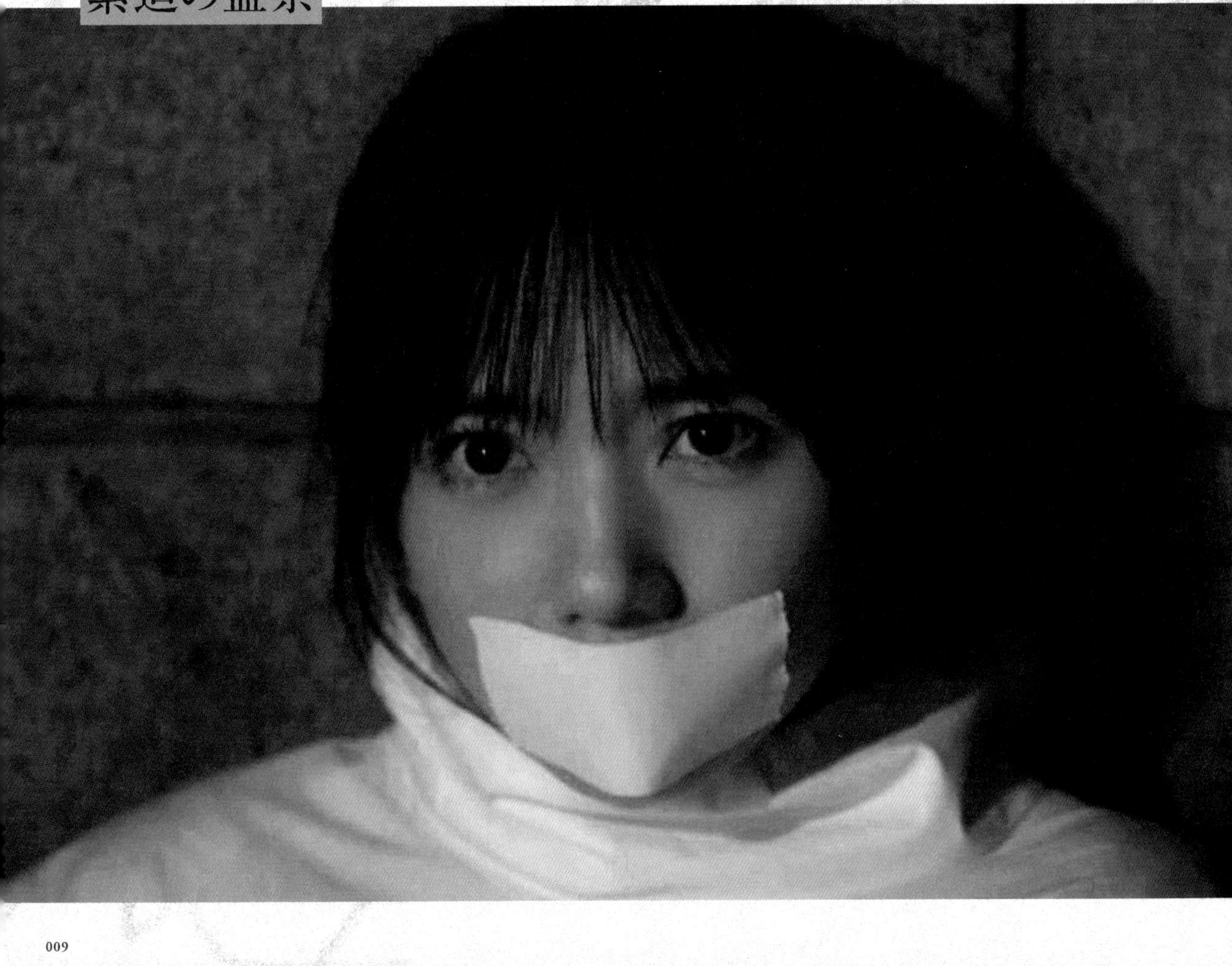

希莉「……環菜が死んだなんて
聞かされたら、
本当の事を知りたいじゃん。
それがわかるまで、
むしろ帰りたくないなと思って」

環菜の死を知り、気落ちして希莉の拘束を解いた日枝。ところが、なぜかその場にとどまり続ける希莉に日枝は「なんで逃げないんだ」と驚く（第5話）

希莉のパソコンから得た情報をもとに、日枝の家に辿り着いた奈緒たち。希莉はいないと言い張る日枝を押しのけ、奈緒はコンクリートブロックでドアを叩き壊そうとする（第5話）

ついに、希莉の行方を
突き止める

奈緒「片山希莉さんという方を
探してまして」

希莉「環菜はもう、あなたの手の届かないところに行っちゃったんだから、あなたはあなたで、あなたの手の届く範囲にある、小さくてもリアルな幸せを探して。あなたがそうしてくれるんだったら、私はこの事を忘れます」

「この人はこのままでいいの？」と、日枝の罪について希莉に尋ねる奈緒。しかし、監禁中に日枝の家族に対する優しい一面を知ってしまった希莉は罪は問わないと言い切る（第５話）

## 希莉「真瀬環菜ってお姉ちゃんいるの?」

環菜を殺した犯人を捜し出すと決めた奈緒と希莉（第６話）。第７話では、環菜の熱烈なファンである日枝から、マネージャーの里英が環菜の実姉だと聞き出す

## 明かされていく環菜の過去

芸能界での成功の裏で、ずっと隠されてきた環菜の本当の姿。それは、早くに両親を亡くして親戚の家で育てられ、幼いころは姉の里英と〝女優ごっこ〟をして過ごしていた女の子だった（第７話）

## 姉妹のすれ違いが生んだ悲劇

**里英「真瀬環菜はそんなことしない……」**
**環菜「私は環菜じゃないから！」**

理想の〝真瀬環菜像〟が崩れてしまったことで激情に駆られ、過ちを犯してしまった里英。「この世でたった一人の家族なのに」と、〝真瀬環菜〟として生きた妹・和美に対して後悔の念が溢れ出る（第８話）

**環菜「私だって、必死だったんだよ。生き残るのに」**

「薄っぺらになるまですり減ってんのに。普通の幸せなんてとっくの昔に捨てているのに」。事件直前、環菜はそれまで言えなかった〝女優・真瀬環菜〟としての生きづらさを、里英にぶつける（第８話）

罪を償うべく、自らも環菜のもとへ行こうとする里英を止める奈緒。環菜の幸せのためにも
「あなたがちゃんと幸せになって」と、心の底から語りかける（第8話）

奈緒「……生きてていいんじゃないですか?」
「というよりも、死んじゃダメです」

すべての真実を知ったことで、環菜と過ごした日々の思い出が走馬灯のようによみがえり、
自ら死を選ぶことをやめ、泣き崩れる里英。そしてそれを支える大木（第8話）

## 真実を知り、泣き崩れる里英

# 森田ひかる×齊藤京子

## 奈緒×希莉対談

〝奈緒・希莉〟はわざわざ言わなくてもわかり合える絆の強さを感じました（齊藤京子）

希莉を思う気持ちはすごく強いので、奈緒にとって特別な存在だと思います（森田ひかる）

## 2年間のロスから一転
## 続編がうれしすぎて自ら報告

——『ボーダレス』の撮影時には、「日に日に仲よくなっているので終わるのがイヤだ」と口を揃えておっしゃっていましたが……。

**森田** 前回のドラマ撮影期間は、ほぼずっと一緒だったので、急に会えなくなることにロスを覚えていました。そして終わったときは本当に寂しくなって……。

**齊藤** そのロスは2年間続いたよね(笑)。でも撮影終了後も連絡は取り合っていて。なので、続編の『アクトレス』が作られると聞いたときは本当にうれしくて、撮影が楽しみでならなかったです。

——2年間はどんなことを連絡し合っていたのですか?

**齊藤** とにかく2人の笑いのツボが同じなので、動画を送ってもらったりとか。ひかるちゃんは面白い動画を見つけるのがめっちゃ得意なので、「見つけました～」と一気に10個くらい送ってきてくれて。

**森田** 世界の面白系動画を。自分が笑ったものは京子さんも笑ってくれるだろうという、謎の自信のもと、見つけたらまとめて送っていました(笑)。

**齊藤** 10個くらい送ってくれるなかに、ガチで面白すぎるものが必ず1、2個はあるんですよ。それを見て延々と笑うという幸せな時間を過ごしていて……。家族にも見せて、幸せな共有をしていました。

——齊藤さんから送られてくることもあったのですか?

**森田** たま～に。

**齊藤** 私はひかるちゃんが10回送ってくれたら、1回くらいの頻度で、同じように面白いと思ったものを送っていたかも。

**森田** 私はふだんからそういう動画を見ているので、目につきやすいんですよ。なので、自分の中で傑作集を作っては京子さんにせっせと送っていたという。

**齊藤** 幸せです。

——その間は、お互いのグループやソロの活動などもご覧になっていましたか?

**齊藤** 私、櫻坂46の『Dead end』のMVが公開されたときに、あまりにもカッコよすぎて感想を送った気がする。

**森田** 「すごい好き」って言っていただいたのを覚えています。それは素直にうれしかったです。そもそもMVを見てくれただけでもうれしいのに、まさか感想までいただけるとは。ちなみに私は、日向坂46のシングル『月と星が踊るMidnight』で京子さんがセンターになると知ったときに勝手にうれしくなって、陰ながら応援していました。

**齊藤** ありがとう。

**森田** あと音楽番組で楽屋が隣だったときには会いに行かせてもらいました。そして、ちょっとだけお話しして。

**齊藤** 「『アクトレス』の撮影始まらないかな」って話したり。

——近くにいるとわかったら話しかけに行きたくなっちゃうんですね。

**森田** そうですね(笑)。

**齊藤** ひかるちゃんと一緒にいるときは、自然と笑顔になるんです。まぁ、笑顔を通り越してゲラみたいになるのですが……。今回、ひかるちゃんと離れて一人での撮影もあったのですが、そのときは笑顔がちょっと減ってしまって。つい、「ひかるちゃんがいなくなって笑顔が減ったんだけど」って報告しちゃいました。それくらい激仲よしです。

**森田** そう言ってくれるのは本当にうれしいです。会えないときでも面白い動画を送ろうと思います。

——お互いの魅力を引き出す〝奈緒・希莉〟の関係にも似ていますね。

**齊藤** そうかも。2人とも奈緒と希莉のような性格ではないですが、本来の私たちにどことなく〝奈緒・希莉〟の要素が残っているのかも。まぁ、私は希莉みたいな独特の感覚はなく一般的なんですけど(笑)。ひかるちゃんは奈緒っぽさに少し希莉っぽさを入れた感じなのかな(笑)。奈緒がベースにありつつ、個性的な部分もきちんとあって。

**森田** ベースが奈緒(笑)。

——『ボーダレス』から2年経っての配信になりますが、お二人は『アクトレス』が作られると聞いたのはいつごろですか?

**森田** 私は京子さんより先に知っていたんですよ。

**齊藤** そう。だいたい、ひかるちゃんのほうが先に知っている(笑)。

**森田** たしか日向坂46のライブをやっていたので、それが終わって落ち着いてから京子さんに伝えるみたいなことを聞いていたのですが、私は早く伝えたくって。でも大事なライブだったので、それ一本に集中できるようにという思いで隠していたんです。なので、ライブが終わってすぐに伝えた気がします。「やっと言える!」って。

**齊藤** 「なんで早く言ってくれなかったの!」と言っちゃうくらいうれしくて。それくらいずっと待っていました。

——続編があると聞いて、特にうれしかったことはなんですか?

**森田** なによりも〝奈緒・希莉〟が復活することにいちばんワクワクしました。

**齊藤** 一度やったことがある役なのであまり心配もないし、空気感も変わっていないので、〝緊張するけど、またがんばっていこう〟というより、〝楽しみ〟という気持ちのほうが強かったです。あと、『ボーダレス』の最後、お互いに刑事と小説家としてがんばっていくというところで終わっていたので、2人がその職業に就いてどのようになっているのか、すごく気になりました。

**森田** とくに奈緒は警察官になっているとのことだったので、大丈夫かなという不安はもちろんありました。

**齊藤**　あと、あんな事件に巻き込まれることにもびっくりしたというか。「希莉は監禁されるみたいだよ」と聞いたときは不安しかなくて。『ボーダレス』の続編ではなく、ぜんぜん違うストーリーじゃんって正直思いました（笑）。本格的なミステリーだって。

**森田**　脚本を読ませていただき、以前より〝奈緒・希莉〟のシーンが少なかったので、そこは寂しいと思いました。以前のようにずっと一緒ではないんだ……と。

**齊藤**　私も思った！　〝奈緒・希莉〟のあの感じの続きかなと想像していたので、一緒に事件を解決していくものだと勝手に思っていて。でも実際に撮影が進むと、2人のシーンもあったのでよかったです。

**森田**　あと、新しいメンバーと一緒に作っていく楽しみも感じました。

——『アクトレス』では奈緒のそばには大園玲さん演じる朋美が常にいました。齊藤さんは自分のポジションが奪われたような、ちょっと嫉妬みたいな感情を抱いたりしませんでしたか？

**齊藤**　嫉妬もありましたね（笑）。でも、〝奈緒・希莉〟は永遠に不滅だぞ！　とも思っていました。希莉にはバディが特にいなかったので、希莉のバディは奈緒しかいない！　と。ただ、朋美はめちゃくちゃいい子なんですよね。なので、希莉としては、「奈緒のバディとして朋美がいてくれてよかった」という気持ちのほうが強かったと思います。

**森田**　朋美とバディを組んだのも希莉を捜したいという思いからなので、やっぱり奈緒にとって希莉は特別な存在だと思います。この作品は、奈緒の、人との距離感がけっこう大切に描かれていると思っていて。特に、奈緒の希莉を思う気持ちはすごく強いと思うので、そんな奈緒の思いを大切に演じました。

——対して希莉の周りには、林瑠奈さん演じる美樹や日高七海さん演じるポー子といった仲間がいましたね。

**齊藤**　友達が奈緒しかいなかった希莉ですが、『ボーダレス』から5年経っているので、さすがの希莉にもそりゃ仲間くらいはできるよなと、ちょっとホッとしました。

**森田**　第1話で久しぶりに再会して焼肉を食べるシーンでは、希莉がみんなとわちゃわちゃしていて孤独を感じましたね。希莉は奈緒のことを気にかけてくれましたが、その後連絡が取れなくなってしまうので……。あのシーンは演じていても、映像を見ても、すごく悲しくなりました。奈緒としては、希莉と一緒にいて、いろいろ話したかったんじゃないかな。でも高校時代の希莉を知っているだけに、そういう仲間ができたことは友達としてすごくうれしかったと思います。

## 告白のシーンで〝奈緒・希莉〟が帰ってきたと感じました

——すぐに〝奈緒・希莉〟に戻れましたか？

**齊藤**　すぐに戻れたと思います。最初、希莉は自分のことでいっぱいなところがあり、奈緒も刑事を辞めたことを言えずコンビとしてはまとまっていなかったですが、第6話で奈緒が「じつはあのとき、警察を辞めたのも言いづらくて……」と告白してくれたときに、あぁ戻ったなと。希莉が包み込むように「わかってるよ」と言う感じは、2人ならではの、通じ合っているからこそ出る空気を感じました。〝奈緒・希莉〟には、そういうわざわざ言わなくてもわかっているよ、みたいなシーンが多く、あらためてすごい絆だなと思いました。

**森田**　その会話のちょっと前に、入院している美樹のお見舞いに行くシーンがあり、そこで、朋美が希莉に「せっかくだから、奈緒ちゃんの家にでも泊まったら？」と提案するんです。奈緒は監禁直後で悩んでいた希莉に対して「いいよ。私は」とさりげなく言うのですが、「希莉も思うところがあると思うけど、私はぜんぜん何も思っていないよ」という感じを出すところに奈緒の優しさを感じました。この空気は、2人ならではだなって。その後、京子さんが言っていた告白のシーンがあるんですが、あそこでやっと2人らしさが戻ってきたと思いました。

――コンビとしての最初の撮影はどのシーンだったのですか？

**森田**　第2話の、焼肉屋さんに行く前の劇場の入口だったと。

**齊藤**　そう！　あのとき私がセリフで「奈緒、お待たせ」と言うんだけど、言いながら「うわぁ、めっちゃ久しぶり！」と思ったのがよみがえってきた！

**森田**　私も「奈緒」と呼びかけられるのがすごく久しぶりで。懐かしいと思いました。あと、初めて希莉の私服を見て、「こんな感じなんだ」と新鮮に思ったのを覚えています。『ボーダレス』のときは、ずっと制服だったので。

――奈緒と希莉の衣装はどちらもキャラクターを表していましたね。

**森田**　私は抑えめで、青色でまとめていて。

**齊藤**　じつは、第5話くらいまで、奈緒は青、希莉は赤みたいな感じで対照的なんですよ。そこにも注目してもらいたいです。

――お二人といえば、前回も現場で楽しそうに笑っているのが印象的でしたが、今回も笑っていましたか？

**森田・齊藤**　大量に（笑）。

**齊藤**　めちゃくちゃゲラが発動しました。今でも覚えているのは、第7話で日枝（上川周作）と電話で話すシーンがあるのですが、その声のイントネーションが面白くてツボに入ってしまって……。

**森田**　そのときは、事前に録音していた日枝の声を流して演技をしていたんです。

**齊藤**　その声がシリアスで、車内の軽い雰囲気とはなんか状況が違って、そこがツボだったんですよ。あのときは本当にずっと笑っていました。

――たしか朋美もいましたよね。

**齊藤**　巻き込んじゃいましたね。3人で笑っていて。

**森田**　どうしても笑いすぎちゃうんです。

**齊藤**　いつもはたいてい私が笑って、それがひかるちゃんに伝染して……みたいな感じなんですけど、今回はさすがにあの声、おかしいよと。声が流れた瞬間、3人とも一気に笑ったから。たしか、スタッフさんも笑ってしまったはず。

**森田**　みんな、笑っていたよね（笑）。

**齊藤**　私たちは役を降ろしてセリフを言わなければならないので、かなり拷問でした（笑）。あれはけっこうつらかったです。

――朋美を含めた3人のシーンも多かったですが、楽しい雰囲気だったんですね。

**齊藤**　もちろん〝奈緒・希莉〟のシーンも楽しかったですが、3人も新鮮で。2人だと『ボ

ーダレス』感が出るけど、3人だと『アクトレス』感が出る気がしました。

**森田**　私には、大園ちゃんと京子さんが話しているのがすごく新鮮に映って。大園ちゃんは人の懐に入るのがうまくて、先輩だけではなくスタッフさんとかにもいろいろ話しかけていて、楽しそうでした。すごくいい空気の中でお芝居ができたと思います。

――いい雰囲気のなか、撮影はスムーズに進んだのですね。

**齊藤**　『ボーダレス』のときは寒い時期でロケが大変でしたが、今回は、涼しい時期から始まり、終盤ちょっとだけ暑い感じで、花粉も飛ばない最高の時期でした。つい「5月でもうこんなに暑いんだ」って口にしたんですが。

**森田**　でもそれを口にしたときは6月だったんですよ。「京子さん、もう6月ですよ！」と言ったの覚えています（笑）。

**齊藤**　けっこうカッコつけていたのに（笑）。

**森田**　気を許しすぎた感じですよね。

**齊藤**　それも第8話のかなりシリアスなシーンの撮影前の会話で。正直、ゲラが出てしまって大変でした。まさかあのシリアスなシーンを撮っている裏側でこんなことがあったなんて。

**森田**　私は超長ゼリフがあるタイミングだったんですけど（笑）。

**齊藤**　終わった後も、半年くらいは「6月です」と言っては笑い合っていました。

## 希莉の新たな一面や生い立ちなどが紐解かれる

――『ボーダレス』から5年が経っている設定でしたが、お互いにそれぞれの役柄を見て、成長したと感じた部分を教えてください。

**森田**　希莉は、事件に巻き込まれるところや、どんなことにも好奇心を持って取り組むところは相変わらずですが、自分が生み出した作品に対しての強い思いや信念などは、今回初めて見られたところなんじゃないかなと思います。こういう気持ちで書いていたんだと知れたというか。希莉のミステリアスな部分が少し紐解かれた部分だと思います。そういう面が出るようになったのも、希莉が成長したことと関係があると思います。

**齊藤**　奈緒は、高校時代は無口で引っ込み思案な女の子でしたが、5年経ってすごく積極的になったと思いました。第6話では、探偵事務所の所長である和田さん（菅原大吉）に、「できればそっちの調査もしたいと思っていまして」と直談判していて、本当に成長したなって。『ボーダレス』のときの奈緒だったら絶対無理でしたよ。正直、〝奈緒が探偵？〟とは思っていましたが、あのシーンを見て、なるべくしてなったと思いました。めちゃくちゃ向いているというか。

**森田**　奈緒の真っ直ぐなところが出ていたシーンだと思います。

**齊藤**　あと第4話で阿部（前原瑞樹）を追いかけているシーンも印象的。「絶対、犯人を捕まえるぞ」というまなざしがキリッとしていて。それも希莉のためにやっているので、私はよりカッコいいと思いました。にしてもこれはすごい成長ですよ。希莉を助けに行くなんて、『ボーダレス』の奈緒だったら考えられないです。

**森田**　そうかも。

――そんな奈緒の強さは、希莉への寄り添い方にも出ていますね。
**森田**　今までだったら、共感をしながらも「どうしたの？」と心配のほうが勝っていたと思いますが、『アクトレス』では、希莉を支えたい、寄り添いたいという方向になっているというか。これは自分で奈緒を演じていて感じた部分でもあります。今回の奈緒は、希莉の気持ちを考えて汲み取ってあげながらも真っ直ぐに進んでいて。かなり大きな成長だったと思います。

――『アクトレス』では、今まで描かれなかった希莉の私生活も見えてきます。

**森田**　希莉がどういう家で育ってきたかはぜんぜん知らなかったので、まさかあんなにいい家に住んでいたとは！　と驚きました。だって、勝手に門が開くんですよ（笑）。

**齊藤**　私も、あんなにお金持ちだったんだ！　と驚きました。希莉の家のシーンを撮影する場所に初めて着いたとき、「何のシーンを撮るんだっけ？」と思うくらい、想像ができなくって。で、よく見たら表札に〝片山〟と書いてあって驚きました。だって豪華すぎですよ（笑）。それだったら、もっとお嬢様感を出しておけばよかったのかもと思いました。

**森田**　情報がゼロだったので、そのギャップですよね。私、琴音さん（小林由依）が希莉のお母さん（渡辺満里奈）に会うためにあの家に行くシーンが印象的でした。

――第8話で、奈緒も門のそばまで行って、希莉を送り出しましたよね。あのシーンはどのような気持ちで臨みましたか？

**森田**　奈緒と同じ気持ちで、「がんばれ！」と思いながらあの場所に立っていました。希莉も不安だったと思うんですよ。その気持ちがめちゃくちゃわかるので、「大丈夫だよ」という気持ちを込めて背中を押しました。

**齊藤**　私、あのシーンがすごく好きで。後ろを振り返って奈緒を見て、頷いてから家に向かうんですが、そのまなざしが本当に奈緒そのもので。ひかるちゃんではなく完全に奈緒。奈緒が降りてきたんですよ。演じていて、奈緒がいるからがんばっていこう！　という気持ちでいっぱいになりながら歩きました。

――その後見せた、希莉の満面の笑みも印象的でした。

**齊藤**　あのシーンは監督と話し合っていろいろ決めました。「印象に残るいいシーンだから最高の笑顔で」と何度も言われて。台本にも、「めっちゃいい笑顔で」と書き込まれていて、プレッシャーでした。

**森田**　お母さんもすごくいい笑顔だったので、ほっこりしました。私は現場にはいたけど遠くて表情まで見られなかったんですが、ドラマで見て温かい気持ちになりました。

**齊藤**　お母さん役の渡辺さんは、それまで笑顔なんていっさい見せていなかったんです。でも最後の最後で、娘の前でニコッと笑うのがお母さんらしいというか。それを渡辺さんが見事に演じられていて。あまりにも渡辺さんがお綺麗すぎて、正直お母さんという感じはあまりなかったんです。でも最後の笑顔を見て、希莉のお母さんだなとあらためて感じました。

――家族のシーンといえば、第6話では、希莉が奈緒の家に行って夕食を食べるシーンがありましたね。

**齊藤**　家族っていいなと思いました。特に希莉は監禁後だったこともあり、家族の温かさに触れて本心から「いいな」と思っていたはず。そんな雰囲気のなかでの撮影だったので、私自身、胸がいっぱいでお鍋をあまり味わえなかったです。ちなみにお鍋は、奈緒のお母さん（粟田麗）が取り分けてくれたんですが、ひかるちゃんは普通にお肉を食べていて、私は希莉が監禁後でまだ食欲があまりないという設定だったので野菜ばかり食べていました。

**森田**　『ボーダレス』のころから親子のシーンはあったので、すでにいい関係性ができていて。そんななか、希莉が来たのでよけい温かい雰囲気だったと思います。家族のシーンは、いつもお父さん（アキラ100％）がムードメーカーで。希莉が家に来たときも、お父さんが酔っ払って寝てしまうシーンがあったんですが、アドリブで寝言を言っていて。カットされているんですが、すごく笑っちゃいました。

――あらためてお互いに女優として成長を感じた部分を教えてください。

**齊藤**　ひかるちゃんは『ボーダレス』でお芝居初挑戦で、その撮影が始まる前の本読みの段階から一緒にやってきたので、本当の最初を知っているんですよ。……ってなんかマウントをとっているみたいですが（笑）。最初のころは、本当に初めてなんだと感じる瞬間があり、初々しくて。でも『アクトレス』ではそういったことをまったく感じさせない雰囲気で。いい意味でめちゃくちゃ慣れていて、セリフの言い方や表情の作り方などすべてがプロでした。成長しかなかったです。

**森田**　後輩の私が言うのはおこがましいですが、いい意味であまり変わらないのが京子さんらしいなと思いました。ずっと同じペースで現場にいて。だからこそ、帰ってきたという気持ちが強まったんだと思います。そして今回感じたのは、ドラマを通じて生まれた関係性は変わらないなということ。これからもこの関係性を大事にしていきたいです。

――第3弾も気になるところですが……。

**齊藤**　撮影中も話していたのですが、『ボーダレス』『アクトレス』ときたので、ほかにどんな〝○○レス〟があるのかな？　と。そして第3弾をやるからには事件が起きないと始まらないので、どんな事件が起きるのか……。

**森田**　そろそろ奈緒が巻き込まれそうで怖いんですけど（笑）。その方向ではなく、普通に事件を2人で一緒に解決していきたいです。そして……、タイトルは〝ネックレス〟とかでもよくないですか？

**齊藤**　いい！　それ提案したいね。ぜひまた、〝奈緒・希莉〟で事件を解決したいです！

ドラマを通じて生まれた
この関係性を大事にしていきたいです

# Interview
## 森田ひかる

森奈緒

森奈緒という特別な役を、
再び演じられることがうれしかったです

## 希莉や琴音さんと出会って奈緒が戻ってきました

――『ボーダレス』から2年の月日が経ちましたが、続編が作られると聞いたときの率直な感想を教えてください。

　まさか続編があるとは思っていなかったので、シンプルに驚きました。配信されて以降、『ボーダレス』を見たという声をいただくことも多く、そんな多くの方に愛された〝森奈緒〟に再びなれることはすごくうれしかったです。私にとって、初めてのお芝居で挑戦した森奈緒という特別な役を、自分自身が成長した状態で演じられるのはありがたいと思いました。

――2年ぶりの奈緒でしたが、すぐに感覚は戻ってきましたか？

　キャラクターが強いわけではないので、最初は探り探りで……。しかも今回は奈緒にとっても5年という年月が経っていることが大きな意味を持っていたので、少し不安になりながら現場に入りました。最初のころは、大園(玲)ちゃんが演じた新しいキャラクターの朋美と撮影することが多かったので、『ボーダレス』の奈緒を演じているというより、『アクトレス』という新しい作品の奈緒を演じている感じでした。それが変わったのは、やはり希莉(齊藤京子)や琴音さん(小林由依)と一緒のシーンになったとき。演じながら、「あ〜奈緒はこんな感じだった」と、どこか懐かしい感覚になり、朋美といるときとはまた違う、あのときの奈緒が戻ってきたと感じました。不思議な感覚でした。

――やはり希莉と再会したときは特別な感覚になりましたか？

　〝奈緒・希莉〟として帰ってこられたのがいちばんと言ってもいいほど、うれしいことでした。2人のシーンがあるときは「今日、希莉に、京子さんに会える！」というれしさのなかで生きていて、「休憩中は何を話そうか」といろいろ考えたりしていました。私自身、〝奈緒・希莉〟を本当に好きだったんだと気づかされました。

――今作は『ボーダレス』から5年後の世界を描いた物語なので、奈緒は警察官になっていると思っていましたが、探偵になっていましたね。

　最初、お話を聞いたときは『ボーダレス』のラストに出ていたように、奈緒は警察官になっていると思っていました。なので「制服を着るのかな？」「でも制服は似合わないかも」とか、勝手に想像していました。ただ、原作を読んでみたら奈緒は探偵になっていたんです(笑)。なので、「制服は着ないんだ」と、ちょっと寂しい気持ちになって。でも奈緒らしい探偵になっていたと思います。

――前作では「演じている間、ずっと難しいと感じていた」とおっしゃっていましたが、ドラマ出演が2回目となる今回は、演じることは楽しかったですか？

　楽しいと思うときもあれば難しいと感じるときもあって……。前回とはまた違う感覚が湧いてきました。

――前作では何も知らなかったからこそ大胆に演じられた部分もあったということですか？

　そうかもしれないです。撮影方法をはじめ、すべてのことが未知だったのですが、今回は

2回目で、あのときはこうしていたみたいな記憶も残っていて……。前回のように、がむしゃらになるのではなく、もっと繊細に、〝普通の子〟である奈緒の変化を見せるためには何をしたらいいかをじっくり考えました。

――前作でも「普通を演じることの難しさ」をおっしゃっていましたが、〝普通の子〟である奈緒の心の中の変化をどのように表現しましたか？

言葉数が少ない彼女の、ちょっとした変化をどこで表現できるかと考えたとき、やはり〝目〟がポイントかなと思いました。なので、目線や目ヂカラなどを意識し、目の奥で語るイメージを持ちながら演じました。奈緒にとっての少しの変化も見逃さず、大切にしたいと考えました。

――役づくり的なことは何かしましたか？

前回、「奈緒に対して役づくりは必要ない」と監督に言われたので、その言葉を信じて今回も役づくりらしいことはしていません。頃安（祐良）監督には、「うまく見せようとしなくていい」とか「セリフを言うのではなく、奈緒として言って」と言われたので、そのことを思い出しながら演じていた感じです。

――今作では、母親の病気を理由に警察官をまっとうできなかったことや、それでモヤモヤしていることを家族に伝えることができない奈緒の葛藤も描かれています。

今回のこの作品の裏テーマは〝家族〟だったと思います。奈緒は、母親の看病のために警察官を辞めてしまったという現実と向き合いながら生きているので、そんな奈緒の家族を思いやる気持ちを大切にしながら演じました。私自身の家族観や生き方と照らし合わせる内容になっていたので、奥が深いと思いました。

## この作品で共演できたから新しい関係が築けました

――探偵になった奈緒は朋美とバディを組みます。大園さんとの共演はいかがでした？

希莉のときとはまた違って新鮮でした。〝奈緒・希莉〟のときとはまた違った奈緒が見られると思います。

――大園さんは本格的なドラマは初挑戦とのことでした。そんな彼女をいちばん身近で見ていましたが、緊張は伝わってきましたか？

すごく伝わってきました（笑）。演技初挑戦ということもありますが、それよりも前作がある作品に新しいキャラクターとして飛び込むというのは緊張しかないと思うんです。前回の私のときよりもハードルが高いというか……。でも実際に現場に入ったら、そこに朋美がいて。役として私のことを引っ張ってくれて頼もしかったです。

――大園さんから演技について何か相談されたりしましたか？

特にこれというのはなかったですが、大園ちゃんは『ボーダレス』を見てから撮影に臨んでいたらしく、私を見て「本当に奈緒ちゃんだね」と声をかけてくれたのが印象的で、すぐに作品の世界観に入っていました。監督とは朋美のキャラクターを深掘りしたらしく、結果、「こういう子だから好きなようにやっていいよ」ということになったみたいです。そばにいて、撮影を重ねるごとに朋美らしさが全開となり、すごく自由に朋美を演じていました。生き生きとした感じが伝わってきて、私もうれしかったです。

――グループでは少しだけ森田さんのほうが先輩ですが、ドラマでは朋美が先輩で奈緒が後輩でした。そのあたりは違和感なく演じられましたか？

私は二期生で、大園ちゃんは新二期生とグループに入った時期こそ違いますが、じつはそこまで先輩・後輩みたいな関係はなく……。同じオーディションを受けた同期という感覚です。ただ、最初に入った二期生よりは、お話しする機会が少なかったので、今回一緒にお芝居ができて本当にうれしかったです。大園ちゃんを知るいい機会になったというか。あらためて、〝大園玲〟という人物に近づけて、こういう人なんだとわかるきっかけになりました。

――大園さんは、「撮影終了後も森田さんのことが奈緒に見えて、常に守りたいと思ってしまう」とおっしゃっていました。それくらい2人の距離が縮まったんですね。

私もたまに大園ちゃんと朋美が重なるときがあります。大園ちゃんが「奈緒ちゃん」と言ってくれる、あの声がすごく好きなんです。居心地がよくて落ち着くというか。この作品がなかったら今の関係もないと思うと、本当に一緒にやれてよかったなと心から思います。ちなみに『Ｂｕｄｄｉｅｓ』という楽曲の中で、2人で乾杯のポーズをするようになったのも、この作品がきっかけ。周りはあまり気づいていなかったのですが、2人のなかでノリができて。でも、初めて隣になったときに最後に乾杯ポーズをしようねと約束したのに、スカされたのは今でもちょっと！　と思っていますけど（笑）。いい思い出ができたと思います。

――お二人のシーンはどれも魅力的でしたが、駄菓子屋さんの前で駄菓子を食べながら相談しているシーンは、お二人のかわいらしさが全面に出ていて印象的でした。

あのシーンはほのぼのしますよね。ちなみに私、駄菓子が大好きなんです。なので撮影が終わってから一人でお店に入って買い物していました。大園ちゃんがきな粉棒を食べたいと言っていたので買って2人で食べたり、京子さんとの撮影が後ろにあったので、お土産を買って帰ったり。あのシーンは撮影の合間も楽しくて仕方がなかったです。

――同じように癒やしとなっていたのは、和田徹探偵事務所のシーン。アットホームな雰囲気が漂っていました。

仕事場なんですが、常に温かい雰囲気なんです。すごく好きでした。

――菅原大吉さん演じる和田所長と矢柴俊

博さん演じる大倉とのシーンはアドリブが飛び交っていたと聞きましたが……。

日常会話はほぼアドリブだったと思います。なかでも矢柴さんは、セリフが終わった後もアドリブでお芝居を続けていました。大倉さんは心配性で奈緒や朋美にいろいろ言ってくるんですけど、結局お腹が痛くなっちゃったりといい人でかわいらしくて。そんな大倉さんと一緒に演じるのが楽しかったです。

——アドリブが来たときはどうしていましたか？

みんなアドリブで返していたので、私もアドリブで返しました。ただ、ターゲットになっていたのは朋美で。ちょっと大変そうでした（笑）。そして、大倉さんと朋美のアドリブの会話は、カメラに収まっていないところでもずっと続いていたんです。それを聞いていたら思わず笑ってしまって……。2人ともすごいなと思いました。

——撮影の合間に、和田探偵事務所のメンバーとは、どのようなお話をされましたか？

矢柴さんが演技を教えていることをお聞きして、大園ちゃんと2人で「私たちも行きたいです！」とお願いしました（笑）。あとは私たちのふだんの活動についていろいろお話をしたりして、休憩中もすごくいい関係を築けたと思います。あと、矢柴さんはツイッターで「#ヤッシーメガネチャレンジ」という、矢柴さんのメガネをゲストがかけるという企画で写真を撮っていて……。私たちも一緒に撮りました。楽しかったです。

## 感動的なラストシーンは自然と涙が出てきました

——和田探偵事務所といえば、奈緒が面接で涙するシーン（第3話）が印象的でした。どのような気持ちで演じましたか？

あのシーンは意気込んで臨みました。どちらかといえばローテンションのシーンではあったのですが、自分的にもあそこが奈緒にとってキーとなるシーンだと思っていて。母親の看病のために警察を辞めた罪悪感を背負いながらも、迷惑をかけたくないという気持ちもあって、いろんなものが奈緒に襲いかかっている状態での演技だったので、心情を大切にしつつ丁寧に演じました。ちなみに、台本にはそのときの奈緒の心情などをいろいろ書き込んで本番に臨みました。

——映像はご覧になりましたか？

見ました。涙がきれいに映っていてよかったと思った反面、「これ、何テイク目のだろう？」と考えちゃって。でも印象的なシーンだったので、うまくできてよかったです。

——実際はどのような雰囲気のなかで、撮影したのですか？

すでに探偵になってからのシーンは撮っていたので、和田探偵事務所が温かい雰囲気ということはわかっていたのですが、それを知らない、初めて来た場所のような気持ちを作って……。実際に和田さんを目の前にして気持ちを伝えるシーンは、自分でも胸にくるものがありました。今まで言えなかったことを打ち明ける場面なので、なんとも複雑な感情になって……。撮影の合間に、菅原さんが「焦らなくていいよ」と言葉をかけてくださったり、本番では奈緒を見つめる視線が温かかったのを覚えています。そういうなかでお芝居をしていたら、自然とあのときの説明のしようがない気持ちでいっぱいの奈緒になっ

て……。自然と涙が落ちていました。

——今作は奈緒が涙を流すシーンが多かったですね。

そうですね。『ボーダレス』のときもけっこう涙を流しているシーンはあったのですが、ちゃんと映っているシーンはなくて。今回は涙を映すので、お芝居をしながらきれいに出るのか不安もあり緊張しました。

——第8話のラストで、お母さん（粟田麗）に気持ちを打ち明けるシーンの涙も印象的でした。

複雑な思いを乗り越えた希莉の姿を見てきた奈緒が、ずっと胸につかえていた思いを大好きなお母さんに伝えようと決意して話すシーンだったのですが、じつは台本にないセリフをお母さんが話し始めて……。その言葉が本当に自然だったんですよ。粟田さんと森田ひかるはそこにいなくて、お母さんが奈緒に向かって言っている言葉で。それが心に沁みて、自然と涙が出てきました。そして奈緒の素直さが私にはかわいく映って……。これから奈緒がどんな大人になって、どんな素敵な女性になっていくのか見守りたいと思いました。

——お母さんのセリフは、台本とは違ったんですね。

事前に監督とお母さんが長いこと打ち合わせをしてるなとは思っていたのですが、まさかこんなことになっていたとは……。台本上で知っているセリフではなく、お母さんの口から出た言葉には重みをすごく感じました。ちなみに終わった後、粟田さんが「心の通じ合ったお芝居ができてすごくうれしかったです」とおっしゃってくださって。お芝居ってすごく難しいけど、こんなこと言ってもらえるって、とてもうれしいし、素敵なことなんだと感じました。

——奈緒には涙だけではなく、アクションシーンもありました。第3話の阿部（前原瑞樹）を追いかけるシーンは迫力がありました。

阿部さんの足が本当に速かったんですよ。朝イチの撮影だったのですが、本気の走りをしたので、お互い足がパンパンになってしまって……。2人で「大変ですね」って言いながら走っていました。

——全力で走るという演技は難しかったと思いますが。

まず走り方が気になりましたが、監督からは「櫻坂46のMVを見て、走り方に問題はない」と言っていただいていたので、そこは安心できて。ただ、奈緒だったらどんな走り方をするんだろうって考え始めたら、わからなくなってしまいました。本番は、阿部さんに追いつこうという気持ちで走っていたので、奈緒の走り方が……なんてことは忘れてましたけど（笑）。気持ちが先走っていた感じです。阿部さんを捕まえるシーンでは、監督から「唯一、奈緒が警察官だったとわかるシーンにしましょう」と言われたので、プロの方にアクションを教えていただき、本気で臨みました。阿部さんには申し訳なかったですが、かなり本格的にやっています。

——今回、森田さんがいちばん印象に残っているシーンを教えてください。

第8話で里英さん（上原実矩）を見つけたシーンです。希莉も朋美もいて、ふだんだったら里英さんのことを止めるのはその2人だったと思うのですが、ここで奈緒が自ら止めに入って。そのときの奈緒の言葉に強さを感じました。ちなみにセリフも奈緒史上いちばん長かったと思います。あのシーンは緊迫感もあったので、どうしても奈緒の本音の言葉として、セリフっぽくならないように数日前から練習しました。実際に赤い鉄塔が見える場所に行き、里英さんが立っている姿を見たら、リアリティを感じて、一気に奈緒になれて自然な演技ができたと思います。あのシーンこそ、奈緒の変化が見られる部分。自分のことを普通の子で、それ以上でもそれ以下でもないと思っていた奈緒が、希莉と出会って変わっていった軌跡が見られるというか。すごく素敵なシーンだったと思います。

――〝奈緒・希莉〟のシーンで好きなシーンはありますか？

回想シーンですが、第3話の高校の卒業式後の図書室でのやり取りです。『ボーダレス』で2人が出会った図書室で、希莉が「小説ができたよ」と渡してくれるんです。そして「奈緒は警察官。私は小説家。がんばろうね」と言った後、歩いて去っていく。そのとき後ろから差している光と、成長している希莉の姿が重なって、すごくエモいです。あれがあったから今がある、と感じます。

## 坂道メンバーたちの演技は三者三様で魅了された

――朋美とのシーンが圧倒的に多かったですが、希莉、琴音、美樹(林瑠奈)、環菜(伊藤理々杏)といった坂道グループのみなさんと共演されて、いかがでしたか？

前作でも、琴音さんは頼りになるお姉さんでしたが、今回は特に母性を感じました。柔らかなオーラが漂っていて、すべてを包み込んでくれる雰囲気があって。実際に奈緒に探偵になることを薦めてくれたり、捜索を一緒に手伝ってくれたりと、奈緒のことを気にかけてくれて。正直、奈緒は琴音さんを使いすぎだと思いましたが、それも許してくれるのが琴音さんの優しさかなと。そんな琴音さんを小林さんが見事に表現していたので、さすがだなと感じました。林さんと伊藤さんとご一緒できたのは本当にわずかで。特に伊藤さんとは希莉とバチバチのシーンだったので、話すこともできず(笑)。でも出来上がった映像を見て思ったのが、真瀬環菜のいいところも悪いところもすべて表現されていて素敵だなと。感情の浮き沈みがあってすごく難しい役だと思いましたし、最後に、お姉さんに対して見せた笑顔のギャップがなんといっても素晴らしくて。私は、環菜のかわいらしいところが好きでした。林さんとは、希莉や琴音さんたちと美樹のお見舞いに行ったシーンで一緒だったのですが、急に怒ったり寂しそうになったり笑ったりと、美樹の天真爛漫さが垣間見られてすごく面白くてかわいかったです。それを自然と表現されていた林さんのお芝居はものすごくよかったです。あんなかわいい美樹と一緒にいられる希莉を羨ましく思っちゃいました。

――鴻巣を演じた袴田吉彦さんと一緒のシーンもありましたね。

いちばんキャラクターとして面白かったのが鴻巣さんかも。とにかくインパクト大で。第7話で奈緒と希莉と朋美の3人で鴻巣さんの彼女の家に行くシーンがあるのですが、そこで「何度も来るなよ。しかも増えてるし」というセリフがあるのですが、これがなんか好きで。笑っちゃいました。ちなみに現場でも3人で笑っていたら、袴田さんが「なんで笑っているの？」と言いながら笑いだして。私のゲラが発動してしまいました(笑)。

――『ボーダレス』でお芝居に初挑戦し、今回で2回目となりました。今後もお芝居をやっていきたいですか？

慣れるかと思ったら、撮影が始まる前も終わった後もお芝居は難しいという印象は変わらないです。ただ普通は、〝難しい〟が〝苦手〟という方向に向かいがちですが、今回は無意識に〝楽しい〟と思える瞬間があって。そう思えるものはなかなかないので、また機会があれば挑戦してみたいと思います。

――2年ぶりに同じ役を演じて、ご自身の成長を感じましたか？

『ボーダレス』のときは、カバンの持ち方など、細かいところにこだわりを持って演じていたのですが、今回は目の動きなど、もっと細かな動きで空気を変えたり、意味を持たせることができるかも、と感じました。以前より、瞬きや視線の配り方に敏感になった気がしています。

――この作品で得たものはグループ活動で生かせそうですか？

生きると思います。「目は口ほどにものを言う」といいますが、その言葉がすごく腑に落ちたというか。ほかの方のお芝居を見ても、「言葉がなくてもこんなに伝わるんだ」と実感したので。これは歌うときやMV撮影のときなど、曲を表現するときにも役立つと思います。

――今作の見どころを教えてください。

第1話で真瀬環菜が亡くなるというのはかなり衝撃的な物語のスタートだと思います。『ボーダレス』でも第1話で人が亡くなっていますが、環菜はどう考えても重要人物ですし、坂道メンバーが演じているというのもすごく大きいです。そしてその事件がほかの事件と関わってきて……。ひとつの出来事からいろいろなことが巻き起こるので、ハラハラしながら見ていただけると思います。あと〝家族〟が裏テーマになっているので、家族の温かさについて、あらためて気づかされると思います。

――森田さんにとって〝家族〟とはどのような存在ですか？

永遠に、無条件で味方でいてくれる存在だと思っています。落ち込んでいても、迷惑をかけても、家族だったら何も思わないじゃないですか。そこには損得がないというか……。そういう変わらないもの、変えられないものだと思います。あらためて家族を大事にしたいと感じました。

# 家族の温かさについて
# あらためて気づかされました

もりたひかる　2001年7月10日生まれ
福岡県出身　B型　T150.5　櫻坂46 二期生

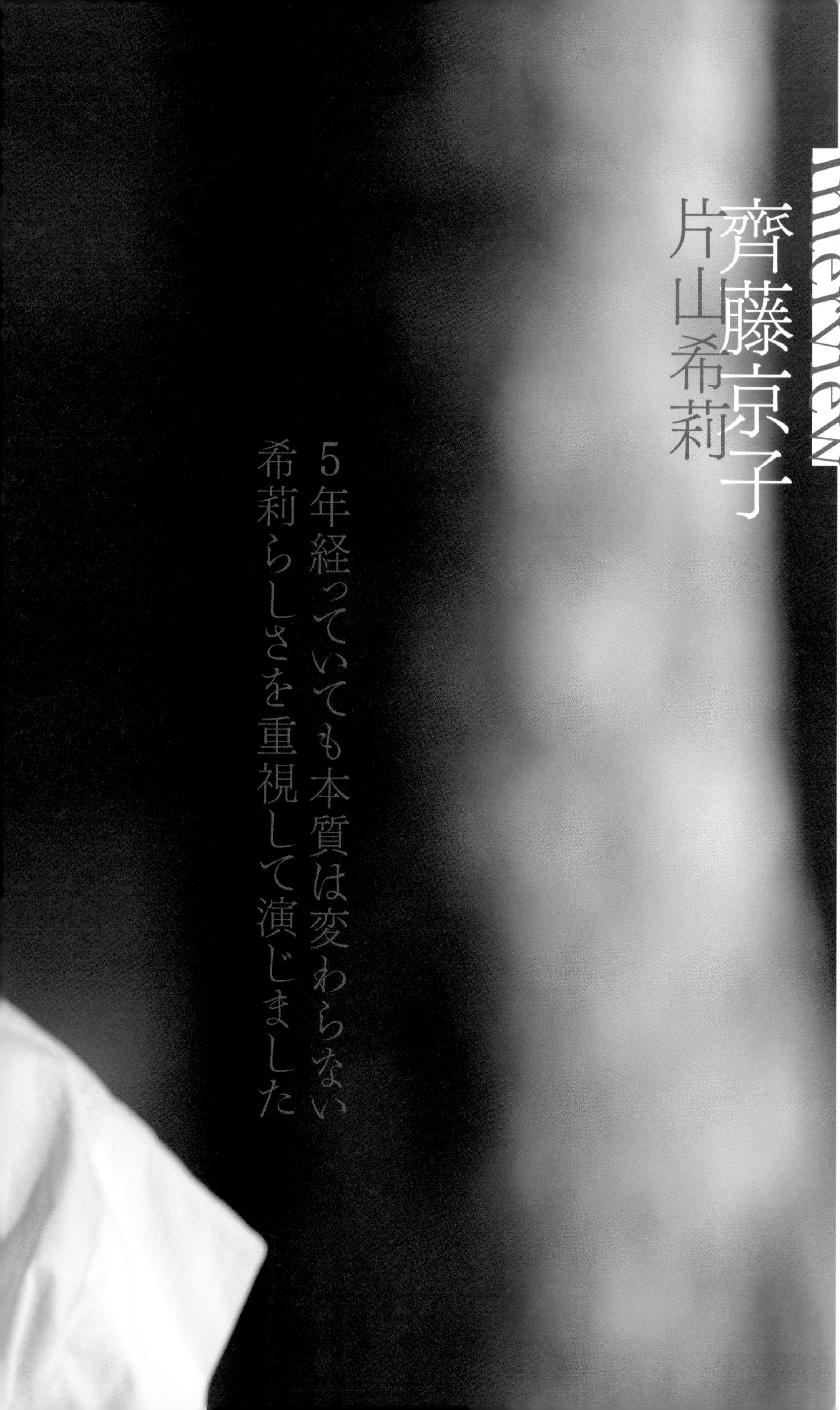

# Interview

## 齊藤京子
## 片山希莉

5年経っていても本質は変わらない
希莉らしさを重視して演じました

## 希莉の衣装は監督と相談して決めました

——ミステリアスで摑みどころのない高校生・希莉を演じた『ボーダレス』の反響はいかがでしたか？

ありがたいことにミーグリ（ミート&グリート）のときにも「希莉が好きでした」「〝奈緒・希莉〟最高です」と声をかけていただけることが多くて……。いろんな方が見てくれて、そう言っていただけて、作品を愛してくれる人がたくさんいることが本当にうれしいです。私自身、作品が好きで何度も見返しています。

——そんな『ボーダレス』の続編が作られると聞いたときはいかがでしたか？

この2年、ずっとロスだったので、再びこのメンバーで集まれることにうれしさを感じました。そしてまた希莉を演じられることが本当に楽しみで。希莉は殺人事件に興味を持つなど、かなり変わっているなと思う部分はあるのですが、自分を持っているところやああ見えてめちゃくちゃ仲間思いなところ、人一倍正義感が強いところなど、リスペクトする部分が多くて……。今回、撮影期間は、どっぷり作品の世界にハマって希莉を堪能しました。齊藤京子でいるより希莉でいることのほうが楽しく感じました。

——久しぶりの希莉役でしたが、すぐに戻れましたか？

戻れました。というより、自分の中にちゃんと希莉がいた気がします。前回は、全編を通して印象が変わるミステリアスな子というイメージの希莉をどうやって作っていけばいいのか、不安を抱えながら臨んでいた部分がありました。それが今回、すでに希莉という確固たるキャラクターが自分の中にいたので、今までやってきたことを出せばいいという感じで、以前よりは肩の力を抜いて撮影に臨むことができました。

——『ボーダレス』では高校生だった希莉が『アクトレス』では新進気鋭の脚本家になっていましたが、どのように演じ分けましたか？

そうなんですよ！　5年という歳月が経っているので、希莉は大人になっていて。ただ、本質みたいなものはそう変わらないので、あまり特別な変化はつけないようにしました。唯一変えたのは、高校生のときのような好奇心から過激なことを口にするのをちょっと抑え気味にして……。でも、監禁されるシーンでは、恐怖より好奇心が勝ってしまっている部分もあるので、そう簡単には変われていないと思いますが（笑）。ところどころ、希莉らしさが垣間見られると思います。

——大人になったなと感じたのは、モード系の衣装も大きかったと思います。前作では、ほぼ高校の制服姿だったので、かなり印象が変わりました。

じつは衣装はけっこうこだわりました。今回、私服が登場するので、監督や衣装さんとも、どういう系統の服にするか悩んで……。最初、用意されたのは、ちょっとダボッとしたボーイッシュな服と20代前半の女の子が着るようなシンプルな服の2パターンで。監督の中ではボーイッシュなほうが希莉っぽいみたいな話も出て、なんとなくそっち方向に進みそうだったのですが、私の中の希莉にはカジュアルな服を着ているイメージがまったくなくて。どちらかといえばキレイめファッションやモードが入っている、周りを見渡しても同じような服装をしている人は誰もいないみたいな服を着こなしているイメージだったんです。そこが希莉の意志の強さにも通じている気がして、その思いを監督に伝えました。そこから試行錯誤して、最終的に希莉らしい衣装になった気がします。

——今作は、希莉の今まで見えていなかった部分が少しずつ見えてくる物語になっていました。渡辺満里奈さん演じる母親との確執にも驚きました。

琴音さん（小林由依）が何度も会いに行ってましたが、希莉がお母さんと会ったのは第8話のみ。なので、渡辺満里奈さんとはご挨拶だけで、あまりお話しできませんでした。映像を見ると、琴音さんとのシーンでは厳しい考え方のお母さんで、その姿があまりにも凛としていたので、母親というより笑わない女神様みたいな感じでした。それが最後、希莉と会ったときには笑顔になるんですが、その表情がすごく〝お母さん〟だったんですよ。それを見てさすがと思いました。ちなみにこの再会のシーンは、撮影前から監督に「最高にいいシーンだから、キラキラした子どもっぽい希莉を出して」と言われ続けていて（笑）。少しプレッシャーでしたが、希莉としても最高の笑顔を見せることができたと思います。

——親子のわだかまりが解ける瞬間でした。

子どもという立場の希莉って本当にあのシーンでしか見られないのですが、それがすごくよく出ていて。撮影前に監督が何度も「がんばって」と言ってくださったからできた笑顔でした。監督に感謝です。

——親子が向き合うシーンは本当に印象的でしたが、それと同時に衝撃的だったのが、第4話で希莉が監禁されるシーン。撮影は大変でしたか？

口の周りに粘着テープを貼られているのですが、それがけっこう痛かったです。顔に直接貼ると肌が荒れてしまうので工夫をするなど、意外と大変なことが多かった気がします。あと、捕まるシーンでは、恐怖で怯えている表情を作っているのですが、それが難しくって……。希莉は怖い目にあっても「キャー！ 助けて!!」とは言わない気がするんです。となると、どうやって怖がるというお芝居をすればいいのか難しくなり、けっこう悩みました。これまでどんなことがあっても堂々としていた希莉にはなかった表情なので、ぜひ見て確かめてほしいです。

——言われてみれば、いつも冷静沈着な希莉にしてはめずらしい表情でしたね。

本当にあの一瞬だけでしたが。その後は、縛られていましたけど、そこまで怯えている様子もなくて……。ちなみに、縛られている時間経過を表すために、カメラの角度などを変えて同じようなシーンを何度も撮ったんです。そのとき、手を縛っているロープをいちいちほどくこともなく、なんなら床に寝たままのときがあって（笑）。その姿たるや、本当に希莉そのものだなと笑っちゃいました。そして普通なら怖がるはずの場面なのに、好奇心いっぱいで興味津々の希莉はどこか楽しそうで、希莉らしいと思いました。

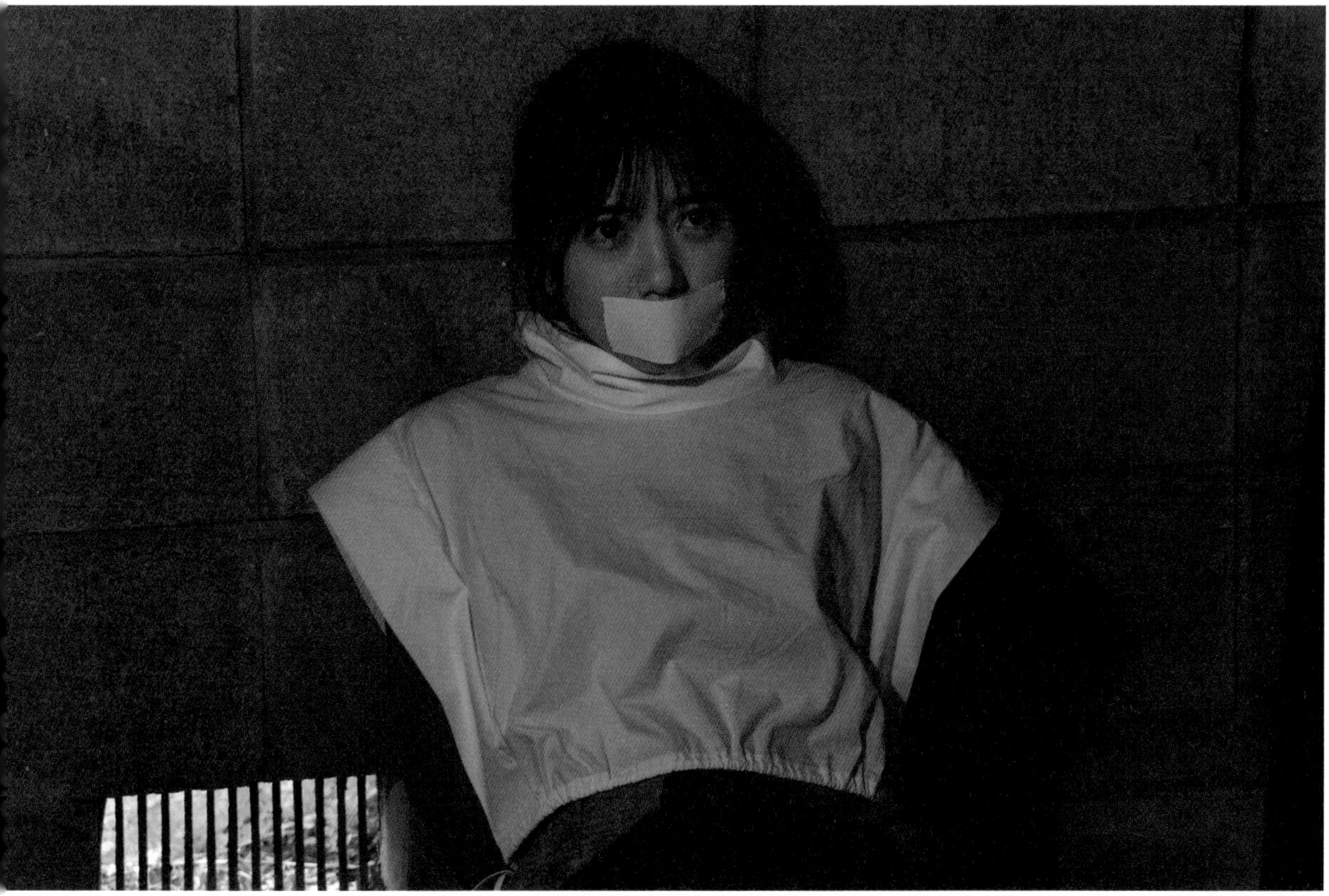

## 〝奈緒・希莉〟の絆は確固たるものと気づかされた

——いちばん印象に残っているシーンを教えてください。

まず思い浮かぶのは、第6話の奈緒（森田ひかる）の部屋で希莉が涙したシーンです。希莉の、これまでに見せたことがない感情が溢れているんです。希莉が弱みを見せて奈緒に守ってもらっているという、なかなかない貴重な場面です。いつも希莉のほうが奈緒より強くて、自分を持っているという感じでしたが、あのシーンだけは奈緒がいてくれるから乗り越えられたという〝奈緒・希莉〟の絆がより強まったシーンです。「捜索を続けたい」と伝えて泣いた後、奈緒が「希莉」って言いながら優しく背中をさすってくれるんですが、その優しさにさらに泣けました。

——それまで、奈緒は警察を辞めたことや母親とのギクシャクを希莉に伝えておらず、どこかすれ違っている印象でしたが、このシーンをきっかけに、〝奈緒・希莉〟の距離が、一気に縮まりました。

希莉の奈緒に対する愛情は変わらず、どんなことがあっても包み込むような感覚を常に持っていました。だからこそ、奈緒が本音を言ってくれないことが寂しかったんだと思います。でもこの涙のシーンで、そんなわだかまりも解けたんじゃないかな。この涙に、どんな意味があるのか考えると、監禁されて怖かったという気持ちや犯人だと思われている驚きや悔しさなども含まれていたと思います。そしてそれを優しく見守ってくれている奈緒がいることで、素の希莉が出てしまう。奈緒の前だから出た涙です。このシーンの撮影前に、気持ちを作るために誰にも見られない所で一度泣いてから臨んだのを覚えています。

——全体を通してシリアスなシーンが多かった希莉ですが、見ていてテンポもよく、クスリと笑わせてくれたのは袴田吉彦さん演じる鴻巣とのやり取りだったと思います。

袴田さんは、誰もが知っている作品にたくさん出ている俳優さんなので、一緒にお芝居をすることに最初は緊張していました。ただ現場に入るとそんな緊張感は飛んでいって……。袴田さんが明るい方で、現場には常に笑いがありました。そして私たちはそんな姿を見てまた笑いが止まらなくなったりして（笑）。笑った思い出ばかりです。

——一緒にお芝居をしていて勉強になったと感じたシーンはありますか？

第6話の鴻巣さんの彼女の家でのシーンです。キッチンのほうから希莉たちが座っているほうへ移動するというなにげないシーンだったのですが、カメラテストのときに、袴田さんが手元を動かしながら歩いてきて、その仕草がすごくよかったんです。監督も「袴田さん、手元もいいですね！　本番もそれで」と声をかけたら、袴田さんが「えっ？　そんなことしてた？」と言っていて。お話を聞いていたら、どうも手元を使ったお芝居をしようと思ってやったのではなく、なにげなく動かしていたとのことで。きっと一つひとつの仕草まで決めてお芝居をするという気負いはなく、ナチュラルにお芝居をされているからこその疑問だったのかなと。私はどうしても役に入ろうという気持ちが強くなってしまうのですが、袴田さんはカメラが向いたら自然と役そのものになっていたんです。そういう役への入り方はすごく素敵だと思いました。たとえセリフがなくてもその役になってしまう。いずれ、私もそうなれたらいいなと思った瞬間でした。

## 伊藤さんの真瀬環菜は人間味があるキャラでした

――今回、坂道グループから、3人の新しいメンバーが作品に参加しました。なかでも希莉の後輩・美樹を演じた林瑠奈さんとは、女子会のようなシーンも多かったですね。

ミッキー（美樹）と一緒のシーンでは、これまで見せたことのない希莉の表情が見られると思います。希莉は、奈緒以外の他人とはほとんど交流してこなかったんです、基本一人で。それが大人になったからか、奈緒とはまた違った感覚を持つ友達や後輩ができていて……。これは『アクトレス』で初めて表れる希莉の一面なので、気持ちを作るのはすごく難しかったです。最初は私自身も希莉らしくないとどこかで感じていて……。台本の読み合わせのときに、監督から「希莉とミッキーとポー子（日高七海）の3人でなんとなくでいいので話してみて」と言われて会話をしようとするんですが、どうしても2対1みたいな関係になってしまうんです。ミッキーとポー子はすごく自然に会話をしているんですが、希莉が入ると会話が終わってしまうというか。なので、最初は立ち位置的なものに悩んで、戸惑いながらやっていた部分が多かったです。ただ次第になんとなく摑めてきました。それはミッキーのキャラクターの影響があったのかも。ミッキーは無条件で希莉のことを「好き」と言ってくれますから。それだけ慕われているとわかっているからこそ、希莉はミッキーに心を開いて一緒に暮らせていたんだと思います。

――希莉と美樹の同居には驚きました。齊藤さんは後輩と同居できるタイプですか？

私は無理かも（笑）。どんなに仲のいいメンバーでも1泊までにしたい。希莉も最初は私みたいな考えだったと思うんですよ。でも今の希莉は違う。そう変われた希莉ってすごいなと思いました。

――林さんの印象はいかがでしたか？

とにかくかわいかったです。ミッキーのキャラクターも瑠奈ちゃんの意外とおしとやかな感じも本当にキュートで。一応、私もアイドルですが、瑠奈ちゃんのことは完全にアイドルとして見ていました。ただどうも人見知りだったようで。私も人見知りなので、じっくりお話しすることができなかったのは残念でした。

――奈緒とバディを組んだ朋美を演じた大園玲さんとも一緒のシーンがけっこうありましたが、お話はできましたか？

けっこうお話をさせていただいて。大園ちゃんはもうあのままで、明るくて人懐っこくて。私、あまり後輩から「京子さん〜」と来られることがないのですが、大園ちゃんはすぐに話しかけてくれて。懐に入る技術がすごすぎて、一気に距離が縮まりました。それこそよく笑いました。私、じつはゲラったときは毎回落ち込んじゃうんですよ。少し面倒くさいんですが、ゲラをあまりいいと思っていなくて（笑）。なので勝手に笑って落ち込んでいる私を見て、大園ちゃんが毎回励ましてくれました。「大丈夫ですよ、そんなに落ち込まないでください」って。なんか気を使わせちゃったみたいで、逆に申し訳なかったなと思っています（笑）。

――伊藤理々杏さんが演じた真瀬環菜とは、

ピンタやにらみ合いをするなどバトルを繰り広げていましたが……。

できることなら役柄とはいえ、坂道のメンバーと対立する関係はイヤだと思っていたんです。せっかく共演できるのになんか悲しいというか。ただ伊藤さんは真瀬環菜以外の何者でもなくて、環菜は伊藤さんでよかったと思いました。第3話に環菜の所属事務所で希莉が環菜を叩くシーンがあるのですが、カメラの角度を変えて何度かチャレンジしなければならなくて。一応、実際には当たらないようにしているのですが、一度だけ手がかすってしまって……。あれは本当に申し訳なくて、ごめんなさいの気持ちでいっぱいになりました。でもあのときの希莉は、『ボーダレス』で犯人に見せていた強い希莉で。それを引き出してくれたのが環菜でした。

——伊藤さんとお話をされましたか？

常に現場では、希莉であり環菜だったので、お話しすることは一度もなかったです。だからこそいい雰囲気で緊張感を持ちながらお芝居ができたと思います。

——伊藤さんを現場でご覧になって、いかがでしたか？

伊藤さんは、お芝居に真摯に向き合っている姿がすごくカッコよくて。真瀬環菜という役をあそこまで自分のものにできるってすごいなと思いました。環菜は、人に対してキツいし、裏表もあるし、好かれる要素はあまりないキャラクターなのに、どこか嫌いにはなれなくて。それは伊藤さんのおかげだったと思います。第8話で里英さん（上原実矩）が環菜との思い出の場所に立っているシーンで、学生時代の環菜が里英さんに笑顔を向ける回想など、本当に素敵な笑顔がそこにはあって。そのギャップに人間らしさを感じられると思います。私、この里英さんに奈緒が「生きていていいんですよ」と声をかけるシーンがすごく好きで。みんなの思いが交差していて、現場では泣きそうになりました。

## 演じることの楽しさを知り、また お芝居をやりたいです

——『ボーダレス』はミステリー群像劇でしたが、本作はまた少し異なったタイプのミステリー作品になっていたと思います。

前回は一見異なる4つの物語があって、それが次第に結びついて、最終的に全部がつながるという面白さがあったのですが、今回はいろんな人がひとつのことを調べていった先で真実に辿り着くという、違う面白さがあったと思います。最初はミステリーとして誰が犯人なのか想像しながら見るのが王道ですが、じつは犯人がわかったうえで見ても、「ここで犯人は何をしていたんだろう？」みたいな見方もできる気がして。そして、伏線がたくさん張られているので、それを確認していくのも面白いと思います。作品の楽しみ方がたくさんあるのも『アクトレス』ならでは。とても魅力的だと思います。

——ミステリーの要素だけではなく、希莉や奈緒の家族との関係性もきちんと描かれている人間ドラマでもありますね。

家族について描いている部分は、希莉や奈緒といったキャラクターをよく知っていると、より楽しめると思います。そして家族の形はひとつではないと気づかされるというか……。家族について考えるいい機会でもあるんじゃないですか。

——齊藤さんにとって家族はどのような存在ですか？

いちばん大切なものです。家族全員がいなくなってしまったら生きていても意味がないと思うくらい大切な存在です。私はその気持ちを日常的にストレートに伝えていますが、恥ずかしくて伝えていない方も多いはず。そこは恥ずかしがらず、ぜひ口に出すことをおすすめします。伝えないと意味がないですから。

——『ボーダレス』の撮影が終わったときに、「将来の夢にお芝居という選択肢はなかったけど、今回でお芝居も入りました」と、また演技に挑戦したい気持ちを語っていましたが、その気持ちは今も変わらないですか？

変わらないですし、どちらかといえば、より強くなった気がします。『ボーダレス』から『アクトレス』まで2年という期間は空きましたが、希莉を続けて演じられて、演じることの楽しさがわかりましたし、少し自信がついた気がします。その気持ちが表れているからか、ブログに書いた2023年の目標は「歌もがんばりたいなぁと思うのと同時に、お芝居もがんばりたいなぁと思ったり……。ドラマに出てみたいなぁ……」と書いています。ぜひ叶えたいです。ちなみに希莉をもう一度やるのも魅力的ですし、ぜんぜん違う役もやってみたいなとも思います。

——具体的に、今後、演じてみたいと思う役はありますか？

希莉と対照的な、それこそ奈緒みたいな普通の子を演じてみたいですし、環菜のような意志が強くて少しキツい子を演じるのも楽しそうだと思います。この役はイヤだなという役は特になくて、挑戦できるならなんでも挑戦したいです。こういう気持ちになれたのは本当にこの作品と出会ったからこそ。貴重な体験だったと思います。

——実際、完成したドラマはご覧になりましたか？

演者のなかではきっと誰よりも早く見たんじゃないですかね。どうしてもDVDが欲しくて、スタッフさんに「どれくらいでできますか？」とめちゃくちゃ催促してましたから（笑）。そして、いただいてから何度も見て、笑って泣いて……。私、この作品に対する愛がめちゃくちゃ強いと思います。だからこうやってたくさんの方に見ていただけることがとてもうれしいです。ぜひ、みなさんも奈緒と希莉とともに、事件の謎を解いて、涙していただきたいです。

# この作品と出会って、もっといろいろな役を演じてみたいと思いました

さいとうきょうこ　1997年9月5日生まれ
東京都出身　A型　T155.5　日向坂46 一期生

# Interview

## 小林由依
## 中島琴音

母親になって成長していく
琴音に頼もしさを感じました

## 子どもができたけど市原家は何も変わっていない

――琴音を再び演じると聞いたときの感想を教えてください。

これまでに同じ役を再び演じるという経験がなかったのでどうなるのかな？　と少し不安でした。ただ、原作を読んだファンの方からも『『アクトレス』もドラマ化されることを期待しています！』と声をかけていただいていたので、「実現してうれしい！」という気持ちのほうが大きかったです。

――すぐ琴音に戻れましたか？

カフェ「ドミナン」に入ったらすぐに琴音の気持ちがよみがえってきて。ブランクみたいなものは感じませんでした。あと、現場もほぼ前回と同じスタッフさんでアットホームな感じだったのもよかったです。すべてがもうあのときのままでした。

――『ボーダレス』から『アクトレス』の間に琴音は結婚して子どもを産んでお母さんになりましたが、母親になった琴音をどう演じようと思われましたか？

『ボーダレス』のときの琴音は、妹の叶音（早川聖来）とギクシャクしていたり、いろんな方面に気を使いすぎてしまう女の子だったのですが、5年が経ち、叶音ともいい関係になり、普通に話ができる関係にまで戻っていました。最初は、叶音と普通に話しているときはどんな気持ちなんだろうと考えても、頭が追いつかなくて。そのうえ、叶音はすごくお姉さん思いになっているし（笑）。とりあえず叶音がケガをして一時的に実家に戻ってきたことや、琴音が母親になったことで、親に近い目線で叶音に接しているのかなと思って演じました。

――完成したドラマを見て、お母さんになった琴音はいかがでしたか？

どう見ても自分がお母さんには見えないと思っちゃいました。なんかすごく変な感じで。これまで実生活で小さい子とあまり関わってこなかったということもあり、あまり慣れてないんです。不思議な感覚でした。

――奏を演じた秋山加奈ちゃんは小林さんに懐いていて、撮影終了した後、お菓子をもらっていましたね。どのようなコミュニケーションを取っていたのですか？

お菓子！　とってもうれしかったです！　初めはあまり話してくれなかったのですが、一緒のシーンをたくさん撮っていたら、少しずつ話してくれるようになって。演技を通じて仲よくなっていった感じです。ただ、最初は抱きかかえるのもどうすればいいかわからず、かなり手こずりました。でも一緒にいる時間が長くなると、次第に母性のようなものも感じるようになってきて、お別れのときは、ものすごく寂しい気持ちになりました。

――早川さんも加奈ちゃんとのシーンが多かったですよね。

そうなんです。3人のシーンもあったので、聖来ちゃんがいてくれてすごく安心しました。あと、叶音と奏が2人で遊んでいるシーンを見ていたら、掛け合いとかをしていて「聖来ちゃんって頼もしい」と思いました。

――琴音・和志（押田岳）夫妻はもちろん、お父さん、叶音を含めた家族団欒のシーンがけっこうあり、見ていてほっこりしました。

出来上がったドラマを見ると、和志を含め

て家族が揃っているだけで、幸せなファミリー感が漂っていますよね。それも『ボーダレス』時代から積み重ねてきたものがあったから。成長した琴音や叶音がいて、変わらないお父さんがいる。すごくいいシーンになっていると思います。

——前作は「監督と話し合いながら作った部分も多かった」とお話しされていましたが、今回もアドバイスをもらいましたか？

役柄についてはもう出来上がっていたので、どちらかというと家族のシーンについていろいろ話し合いました。奏を含めて家族でいるシーンは、5年後の琴音はこうやって幸せに家族と暮らしていますということを一瞬で説明する重要な場面でもあるので、家族としての温かみをより出すように気をつけました。それが後半の、希莉ちゃん（齊藤京子）の母親・ユキさん（渡辺満里奈）との対面シーンに生かされたと思っています。

——ユキと対面したとき、琴音の初々しさが光っていたのはその効果だったんですね。

ギャップは出そうとしました。琴音は、お母さんとしてはまだひよっこで、だからこそ希莉ちゃんのお母さんの考え方に対して疑問を抱いていて……。真っ直ぐに自分の家族観を伝える琴音に母親の強さを感じました。そして驚いたのは、思った以上に琴音が他人のために動くということ。『ボーダレス』のときからちょこちょこ垣間見られていたお節介な部分が前面に出てきていた気がします（笑）。相変わらず琴音は、自分のことより他人のことに一生懸命になるタイプでした。

——本作は、奈緒や希莉の家族を見て成長していった琴音の物語でもあった気がします。『アクトレス』はミステリー要素もありますが、根底には〝家族〟という大きなテーマがあったので、そこにふれて成長していったんだと思います。

——ご自身も家族について考えましたか？

私は比較的普通の家庭で育ったので、奈緒ちゃんや希莉ちゃんのような問題を抱えたことはなかったのですが、それぞれ家族の形って違うんだなと思いました。

——今回、いろいろな方にインタビューをしていて、みなさんが第8話の琴音とユキとの対面シーンがとても印象的だったとおっしゃっていました。

えー、うれしいです！　琴音は奈緒ちゃんみたいに直接事件を捜査することもなく、感情がパッと出るシーンがあまりなかったのですが、あのシーンだけは琴音の本音が見えてきて。あのズバリ意見をするところが、琴音の本来持っている人格なんじゃないかなと思います。芯はかなり強いし、自分が納得のいっていないところはとことん知ろうとする真面目さを持っていて。そういった琴音の本質が出るシーンなだけに大切に演じました。どちらかといえばセリフで見せるのではなく、琴音の気持ちに寄り添って「とりあえず（ユキさんに）会おう！」と思った気持ちが伝わればいいなと思っています。

——ユキを演じた渡辺満里奈さんの演技はいかがでしたか？

それこそ役柄と重なって、カメラの前で対面していたら冷徹な人に見えてくるんです。そのオーラに完全に圧倒されてしまって。琴音自身、かなり緊張しながら希莉ちゃんの家に行ったと思いますが、私自身もかなり緊張して撮影に臨みました。琴音の緊張した顔は半分くらい私の緊張が入っています（笑）。

――第3話での奈緒の母親・楓（栗田麗）とのシーンも印象的でした。

　奈緒ちゃんのお母さんは、希莉ちゃんのお母さんとは違ってものすごく気を使っていて……。どこかで負い目を感じながら奈緒ちゃんと接しているんだなと感じました。対面してお母さんからお話を聞いているときは、琴音なのか私自身なのかわからなくなるくらい母親って難しいと思いました。お母さんも奈緒ちゃんも心配をかけたくないという気持ちがあるだけに、第三者としてはもどかしい気持ちになって……。でもこれは、家族間では意外とよくある話で、いちばんリアルな親子関係なのかもと思いました。

## 奈緒、朋美と一緒のシーンは櫻坂46だ！と思っちゃいました

――奈緒を演じた森田ひかるさんや希莉を演じた齊藤京子さんと一緒のシーンもありました。久しぶりの共演はいかがでしたか？

　奈緒ちゃんは、これまで希莉ちゃんに引っ張られて行動している部分が多かったと思うのですが、今回は自らの意志で行動していたので、いちばん変化があったと思いました。それを森田が細かく表現していて。素晴らしいなと思いました。希莉ちゃんとは一緒のシーンはそこまでなかったのですが、さすが齊藤京子だと思いました。カメラが回ったら一気に希莉ちゃんになって、その切り替えが素晴らしくて。2人ともすごいです。

――今回、櫻坂46から朋美を演じた大園玲さん、乃木坂46からは環菜を演じた伊藤理々杏さん、美樹を演じた林瑠奈さんが新たに参加しました。

　林さんとは病院のシーンなどで一緒でした。最初は美樹の意識がもうろうとしているシーンだったので、おとなしい印象を持っていて。ただ元気になったシーンの映像を見て、林さんの演技の幅に驚きました。すごく生き生きとしていてかわいいんです。お茶目なミッキーがピッタリでした。伊藤さんの真瀬環菜は、伊藤さんにしか演じられなかったんじゃないかと思います。現場ではご一緒できなかったので、どう気持ちを切り替えていたのかはわからないですが、あの相手役をムカつかせる演技がとても上手で。見ていて心を掴まれました。大園は初めてのドラマということもあり、どんどん成長している気がしました。朋美の好奇心旺盛でちょっと能天気な部分は彼女の性格とは違うので、きっと苦労したんじゃないかなと感じました。ただ、出来上がったドラマを見たら、どんなシリアスな部分でもなぜかほっこりさせる朋美がいて。

それがピッタリでした。ちなみに第5話の、奈緒ちゃんと朋美と琴音の3人で希莉ちゃんの家に行くシーンは櫻坂46の3人で演じていたので、どこか不思議な感覚がありました。正直、「櫻坂46だ！」と思ってしまい、なかなか役に入ることができなかったです（笑）。

――そんなことを思いながら演じていたんですね（笑）。ところで、小林さんのお気に入りのシーンはありますか？

　第1話の冒頭に出てくる、奈緒ちゃんと希莉ちゃんが焼肉屋さんで会うシーンです。あのシーンだけで、高校生のときとは違うとひと目でわかるので……。高校生のころの2人を知っている身からすると、どこか寂しくもあり、でもこれからどうなっていくんだろうとワクワクする気持ちにもなりました。

――今回は登場人物にも成長が感じられる作品でしたが、演じていて、ご自身の成長を感じる瞬間はありましたか？

　どうでしょう。でもこれまではセリフの言い方を気にするタイプだったんですが、今回は考えてセリフを発するのではなく、周りの空気のなかで自然と言葉が出た感覚があって……。それは感情を入れて演じるシーンが多かったのも大きいですが、その場で琴音として存在できたからだと思います。これは大きな成長だった気がします。

――あらためて琴音という役と出会えてよかったですね。

　また演じられたことに感謝です。そして母親になって成長していく琴音のことを頼もしいと思いました。これからも琴音らしい、いい母親になっていくはず。あの家族にはいつまでも幸せでいてほしいです。もう事件に巻き込まれるのはいいかなと思います（笑）。

希莉のお母さんとのシーンは
琴音と私自身の緊張が出ています

こばやしゆい　1999年10月23日生まれ
埼玉県出身　A型　T161　櫻坂46 一期生

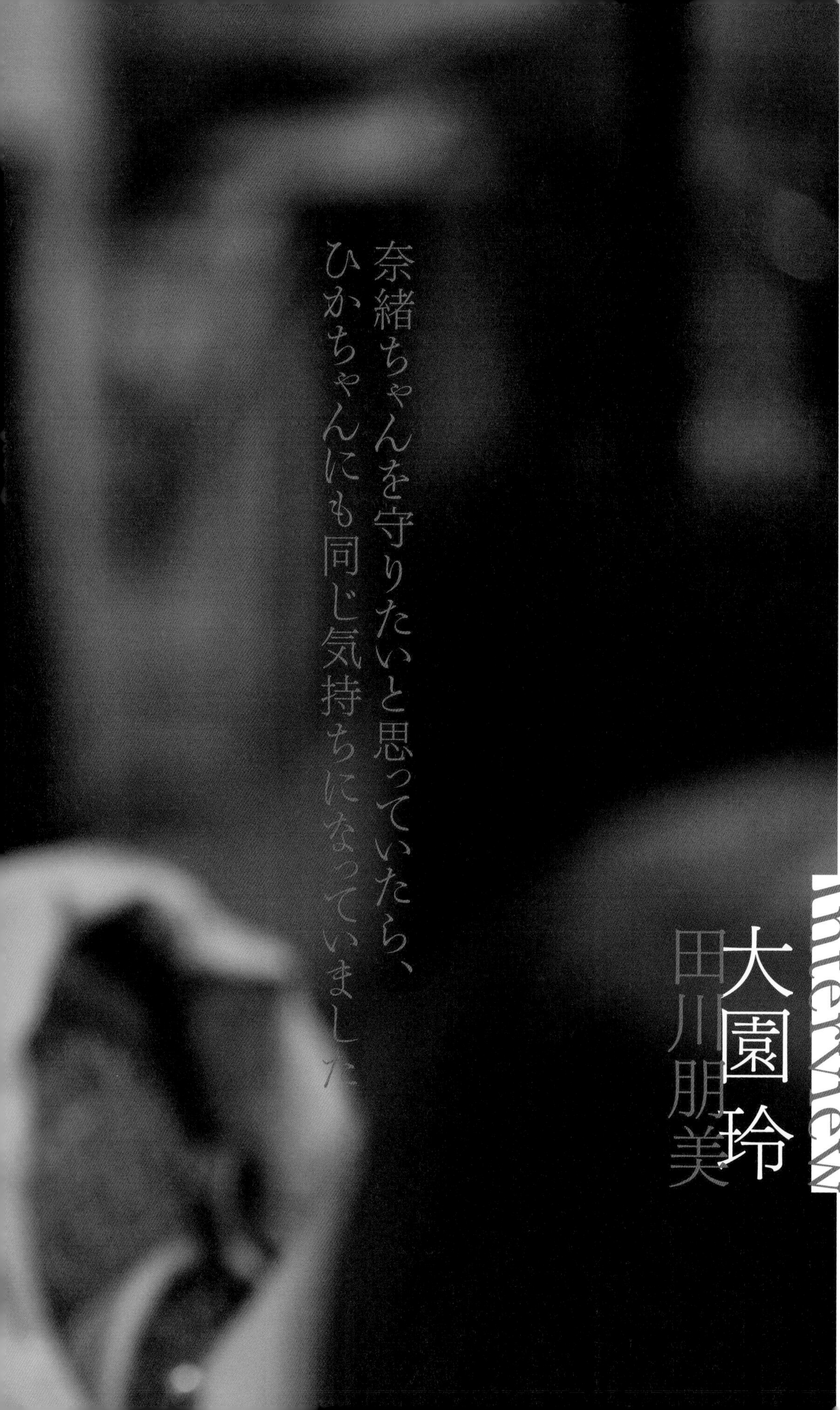

# Interview

## 大園玲
## 田川朋美

奈緒ちゃんを守りたいと思っていたら、
ひかちゃんにも同じ気持ちになっていました

## アドリブにアドリブで返せたときはうれしかった

——本作に出演が決まったときの感想を教えてください。

『ボーダレス』が本格的なミステリーだったので、初めて演技に挑戦する作品がミステリーということに緊張感を持ちました。そして、『ボーダレス』に登場していたキャラクターとどのように関わるのか楽しみでした。

——朋美は奈緒の先輩として一緒に行動するシーンが多かったですね。森田ひかるさんとバディを組んでいかがでしたか？

奈緒ちゃんは私がドラマで見た奈緒ちゃんそのものでした。そして彼女のそばにいると守りたいという気持ちが常に湧いてきて。それはお芝居の現場以外でも生まれてきて、ひかちゃん（森田ひかる）が奈緒ちゃんに見えてきて、いろんなところでがんばりすぎていないか見守りたい気持ちになりました。こんな気持ち、〝森田ひかる〟に対しては抱いたことがなかったので、かなり新鮮で。そして撮影が終わった後は、一気に寂しくなり、かなりロスになってしまいました。撮影期間の1カ月は、朝から晩まで隣にいるのが当たり前だったのに、同じグループとはいえ、そこまで一緒にはいないので何か気が抜けたというか……。ただ撮影以降、楽屋でもなぜか気づいたらひかちゃんの隣にいる、みたいなことが多くなりました（笑）。

——森田さんとは、撮影前まではどのような関係だったのですか？

もちろん会話をしますが、2人で常に一緒にいるみたいなことはなかったです。それが激変しました。ドラマの衣装合わせのときは、まだお互いにグループのときと変わらない関係だったのですが、一緒にお芝居をするようになり、どんどん距離が近づいて……。ひかちゃんがいなかったら、初めてのお芝居をここまでがんばれなかったと思います。

——『ボーダレス』で初ドラマを経験した森田さんに事前に相談をしましたか？

漠然と「演技ってどんな感じなの？」とは聞きました。そしたら『ボーダレス』の撮影時を思い出して、「大変ではあるけど、乗り越えたら楽しかったと思えた」と教えてくれて。スケジュール的にも朝早かったり、夜遅かったりするけど乗り越えられるからと。実際に撮影に入り、ひかちゃんが言っていた意味がすぐにわかりました。途中は「本当に乗り切れるの？」と不安になったりもしましたが（笑）。最後は、監督や出演者のみなさんと会えなくなるのが本当に寂しくなって。みなさんが特別な存在になりました。

——演技をしていて難しいと感じたところはどこですか？

まず自分がどう立ち振る舞えば画角に収まるのかわからなかったです。どういうふうに映っているのかもなかなか想像できず、監督に聞いたりして……。そして教えていただいたのは、自分が思っているよりも何倍もテンションを上げたり、感情を強く押し出さないと伝わらないということ。自分の中では「朋美ならこう表現するかな」と役になりきってお芝居をしているんですが、画面で見るとかなり素の自分に近く、物足りなく見えて。これには驚きました。

——第3話の長ゼリフでは終わった後、涙したと聞きましたが……。

泣きました（笑）。第3話は探偵事務所でホワイトボードを使いながら奈緒ちゃんと朋美が掛け合いをするシーンもあったりして、もう頭がいっぱいで。終わった後は「言えた！」という安心感から涙が出ました。やっぱり掛け合いは難しかったです。家で一人でセリフを言っているとそこまで難しくないのですが、目の前に相手がいて、カメラに囲まれてとなると「あれ、なんだっけ？」となってしまって……。でも、大倉さんを演じた矢柴（俊博）さんに長ゼリフを覚えるコツを教えてもらって、すごく勉強になりました。

――コツがあるんですね。

セリフの最初の一文字だけを覚えるんですよ。私はいつも同じところで止まっていたので、その次の文字を連呼していると自然とセリフが出てくるというか。これは本当にありがたかったです。それと、終わった後に「伝わるものがあったよ」と褒めてくださって。そのうれしさからも涙が出ました。

――矢柴さんはアドリブも多かったと聞きましたが……。

そうなんです（笑）。初めは緊張していたのですが、途中から楽しんでいくしかないなと切り替えて臨みました。なので、朋美と大倉さんのシーンは見どころだと思います。ちなみに、アドリブにアドリブで返したら矢柴さんが「やられた！」っておっしゃってくださって。すごくうれしかったです。

――奈緒を支える存在だった朋美ですが、どのような点に気をつけて演じましたか？

まず朋美のベースは、お節介なんですよ。奈緒ちゃんのことを心配するあまりに守ってあげたいという思いが強くて。あと、シリアスな奈緒ちゃんとは反対に元気っ子なので、その部分を出せたらと思いました。みなさんがシリアスな演技をするなか、どこか抜け感のある雰囲気を出せたらいいなと。そして朋美の怒られ慣れしている感じも出したいと思いました。怒られてもあまり気にしないというか、めげないというか……。そのあたりが大倉さんとのやり取りで出ていればいいなと思っています。

――演じることにいつごろ慣れましたか？

先ほども話した第3話の探偵事務所での掛け合いのシーンです。あそこを乗り越えたことで気持ちが吹っ切れた気がしました。泣いたのは、そこまで張りつめていたものが一気にほぐれたというのもあると思います。ちなみに、ひかちゃんももらい泣きしてたんです。私が涙目になっているのがうつったみたいで（笑）。私にとって印象的なシーンになりました。

――映像をご覧になっていかがでしたか？

最初に撮ったシーンと後半とだと表情がまったく違いました。表現するコツを掴めたのもそうですし、セリフの覚え方がわかってきたり、朋美と呼ばれることにも慣れてきたこともあると思います。あと、なによりも自分の中からセリフが出てくるようになったのが大きかったです。相手のことを思いながら、作品の中の登場人物として存在しているという実感を持ちながらお芝居ができるようになったというか。短期間ではありましたが、かなり大きな変化だったと思います。

――今回、朋美は何かを食べながらセリフを言うシーンも多かったですよね。食べながらの演技は難しいとよく聞くのですが、大園さんはいかがでしたか？

けっこう難しかったです。もぐもぐしながらもセリフを伝えなくてはいけないし、つながりもあるので、やみくもに食べすぎてもダメなんです。あと駄菓子もですが、なんで第1話の車の中でもサンドイッチを食べているのか謎で（笑）。いかにも張り込みっぽいシーンなので食べているのかな？　と思いながら、お芝居に集中するためには食べなくてもいいのにとは思いました。でもどれもおいしかったので、幸せでした。

## 協力してみんなで作品を作る楽しさを知りました

——森田さんとバディを組みましたが、森田さんの演技をそばで見て、いかがでしたか？

　声が素敵なんです。セリフに強弱がついていて、声に表情があるというか……。あと、目の演技も素晴らしかったです。目が合った瞬間、見透かされているんじゃないかと感じるほど目ヂカラがすごくて。あんな目で訴えかけられたら、守ってあげたいと誰もが思うはず。実際に完成したドラマを見て、朋美がいなかった奈緒ちゃんの家族のシーンを見ると、複雑な家庭の問題を抱えていながらの演技だったとわかり、その繊細な演技にあらためてすごさを感じました。

——後半は、齊藤京子さん演じる希莉とともに行動するシーンも多かったですね。

　京子さんとちゃんとお話しするのは初めてだったのですが、気さくに話しかけてくださり、奈緒ちゃんと希莉ちゃんと朋美の空気感がすぐに作れてありがたかったです。お二人がゲラなのは知られていると思うのですが、じつは私もゲラで、現場では3人で椅子から転げ落ちそうになるくらい笑っていて（笑）。本当に楽しい毎日でした。

——最初に笑い始めるのは誰なんですか？

　京子さんですね。そしてひかちゃんが笑いだして誘い笑いをしてくるんです。それにつられて私も笑ってNG出しちゃったり（笑）。物語も後半で、シリアスなシーンが多かったので、笑った後に急にシリアスな演技をするのはすごく難しかったです。

——櫻坂46のメンバーでは、琴音役の小林由依さんとも共演しました。

　由依さんはセリフがないときでも常に琴音さんでした。朋美が話していて映っていないときでも、本当に親身になって聞いてくれていると感じられる演技なんです。だからこそ、私も心からの言葉を発することができたんだと思います。表情やセリフだけではなく、さりげない仕草や雰囲気でキャラクターを伝えられるようになりたいと思いました。

——現場でいろいろ吸収されたんですね。

　はい。あと探偵事務所でご一緒した矢柴さんと和田所長役の菅原（大吉）さんからも大事なことをたくさん学びました。お芝居が終わるたびに、「今のよかったよ」と褒めてくださるのが本当にうれしくって。探偵事務所のシーンがある日は、気持ちが軽かったです。最後に「初めて演技をする作品で一緒だったのがうれしい」とおっしゃってくれたのは宝物になりました。私にとって探偵事務所のメンバーは家族みたいな存在でした。

——チーム一丸となって撮影に臨んでいたんですね。

　ひとつの作品を作るということはこういうことなのかとあらためて実感しました。私一人だったら絶対に乗り越えられなかったと思うので。その思いは撮影期間中からみなさんに伝えていましたが。ちなみにひかちゃんに、「ひかちゃんがいてくれて本当によかった」と伝えたら「大園ちゃんがいてくれてありがたかったよ」と言ってくれて。本当に温かい気持ちになりました。これまでMV撮影は経験していましたが、監督や共演者の方ときちんと話をしたり、改善点を教えていただいたのは初めての経験で。微妙なニュアンスの違いで相手に与える印象が変わることも今回初めて知りました。このメンバーと一緒にお芝居ができたのは貴重な経験でした。あと、坂道研修生のときに一緒だった林瑠奈と共演できて、撮影の合間に話ができたのも感動しました。私の中で、ほかのグループに配属になった子と一緒にお仕事をするのが目標のひとつでもあったので、夢を叶えることができたなって。そして林は少し大人になっていた気がしました。またこのメンバーで作品を作りたいです。

——お芝居を楽しいと思われましたか？

　難しいことも多かったですが、最初にひかちゃんが教えてくれたとおり、乗り越えたら楽しかったです。濃い毎日でしたが、これから先、「この1カ月を乗り越えたんだからなんでもできる」という自信に変わるような、そんな1カ月でした。一瞬の表情や、少ししか映らないシーンでもカメラを移動してドラマを作っていることなど、裏側を知れたのも楽しかったです。できることならまた、お芝居に挑戦したいです。そして、いろいろな役に挑戦しながら、役名で呼ばれるような俳優になりたいです。あと今回教えていただいたことを、MV撮影などグループでの活動にも生かすことができたらと思っています。一つひとつの活動をそれ単体で終わらせるのではなく、横に繋げて成長していきたいです。

——『アクトレス』の中でいちばん印象的だったのはどのシーンですか？

　琴音さんと希莉ちゃんのお母さんのユキさん（渡辺満里奈）が会話をするシーンです。朋美といるときとは違って、琴音さんの表情がお母さんそのもので感動しました。そして、家族にはその家族にしかわからない事情があって、わかってあげたいと思っても完全に理解することはできないんだと知りました。そこにこの作品の奥深さというか、伝えたいことがあって……。今回、ミステリーとしての要素はもちろんですが、それ以外に、登場人物それぞれの家族の事情にも注目して、家族の大切さをあらためて感じていただけたらいいなと思います。

『アクトレス』の撮影を乗り越えたんだから
なんでもできるという気持ちです

おおぞのれい　2000年4月18日生まれ
鹿児島県出身　A型　T163　櫻坂46 二期生

# Interview

## 早川聖来
## 市原叶音

姉思いになった叶音の成長を
感じ取っていただきたいです

## 市原ファミリーとの再会に歓喜しました

——『ボーダレス』の世界観が帰ってくると聞いたときの感想を教えてください。

『ボーダレス』では短い期間だったのにもかかわらず、お芝居に対する自分の考え方が変わったと思うことが多くて……。自分の中のお芝居に対してのハードルをひとつ越えられた気がしたんです。そんな思い入れのある作品に、再び出演できると聞いたときは本当にうれしかったです。そして、「またみんなに会える！」というのが最初に頭に浮かんだことだったと思います。

——『ボーダレス』でお芝居に対する考え方が変わったとのことですが、何がきっかけだったのですか？

最終話の病室で家族と仲直りするシーンです。一連を長回しで3、4回撮ったのですが、それまで長回しで撮影する経験がなかったので、どういうふうに撮るのかなと興味津々でした。そんななか、会話のキャッチボールをしていくと、自分が台本を読んで想像していたテンポや言い回しではなく、みなさんの演技によってお芝居が変化していくことを知って。これは舞台だと想像できるのですが、まさかドラマでも体験できるとは思っていなくて驚きました。私の中でかなり印象的な出来事となり、ドラマに興味を持つきっかけとなりました。

——そんな一連のシーンで一緒だった、姉・琴音を演じた小林由依さんと父親・静男を演じた宮川一朗太さんとは、前回の共演で本当

の家族のような関係になっていましたが。

今回、お会いしてすぐに「帰ってきた〜」という気持ちでいっぱいになりました。あのときからぜんぜん変わっていないです。空き時間にはずっとふざけ合っていて、そのたわいのない会話が本当の家族のようで（笑）。もちろん私にも家族がいますが、もうひとつの家族と言っても間違いないと思います。東京に来てこの仕事を始めてからずっと一人暮らしなので、東京の家族みたいな感じです。あっ、でも、「ドミナン」は東京にはないですが（笑）。ちなみに「ドミナン」は、前回と同じロケ地だったので、入った途端に「あぁ実家だ」と感じて。こんなに懐かしいと思うなんて、かなりビックリしました。

——小林さんと宮川さんとは前作の撮影終了後も連絡を取っていたのですか？

小林さんとはグループが違うのでなかなか会えなかったのですが、マネージャーさんを介して動画を送り合ったりして交流を続けていました。宮川さんは『ボーダレス』の撮影が終わった後に私が出演する舞台を見に来てくださって、お話をさせていただきました。あと、乃木坂46のライブにも来てくださったり……。いつも私たちのことを気にかけてくれる、本当にいいお父さんなんです。そして宮川さんがいるところはいつもアットホーム。久々の再会でも人見知りになんてならず、温かい空気のなかで自然と叶音になれました。

——繊細な女の子だった叶音を再び演じましたが、役にはスッと戻れたのですか？

これまでも何度か『ボーダレス』を見返していたので、自分の中にしまっていた叶音を引きずり出してきて（笑）。基本、役をあまり

残さないタイプなんですが、台本を読んでいたらすんなり戻れました。ただ、叶音には5年の、私には撮影期間で考えると2年くらいの月日が経っていて。その成長した部分は端々に出していきたいと思い、演じました。

――『ボーダレス』では高校生で、お姉ちゃんに常に反発していた叶音でしたが、本作ではかなり大人になっていました。

以前はお姉ちゃんの顔を見ると感情をぶつけていましたが、そこは叶音も大人になって……。第4話では「親に心配されないほうが、子どもとしては寂しいんじゃないかな。私は、お姉ちゃんがたくさん心配してくれたけど」とか「今度は私がお姉ちゃんを助ける番」と、サラッと言えるようになっていたんです。その成長ぶりには驚きましたが、まぁ5年も経っていたらそういうこともあるかなと思ったり。でも、あの叶音ですからね(笑)。演じていて、お姉ちゃんに笑顔を向けられるのはすごくうれしかったです。小林さんがかわいいので、お互いに笑顔でお芝居ができて幸せな気持ちになりました。

――今回は、琴音の娘・奏(秋山加奈)とのシーンもありましたが。

キッズと一緒にお仕事させていただくのは初めてで。かわいくて常に癒やされっぱなしでした。私、けっこう一緒のシーンが多かったんです。なので、慣れてもらおうと撮影の合間も一緒に過ごすことが多かったです。まぁ向こうもプロですが、やっぱり初めましての空気感はどうしても伝わってしまうと思ったので、積極的に話しかけるようにしました。ちなみに、加奈ちゃんの笑顔はもちろん、仕草などすべてが愛おしくて、市原家のみんなは常に虜で「かわいい」と連呼していました。周りから見ても、孫ができて夢中になっているファミリーみたいに見えていたと思います。

――子役とのお芝居は勝手が違いましたか。

やはり大人とは違うので、いろいろ気にかけたところはありました。たとえば絵を描くシーンだったら、カットがかかってもまたカメラの位置を変えて撮影することもあるので、途中で飽きてしまわないように、いろんな話をしながら絵を描いてもらったり。あとどうしても集中力が切れがちになるので、セリフを言うだけではなくアドリブを入れて自然なお芝居をすることを心がけました。それがうまくいった気がします。

――前回、「宮川さんから『関係性をきちんと築かないとナチュラルなお芝居はできない』とアドバイスされたことがある」とおっしゃっていましたが、まさにそのアドバイスを生かした行動ですね。

言われてみればそうかも。宮川さんはファミリーの雰囲気を出すために、裏でもアットホームな空気を作ってくれていましたから。市原ファミリーは裏表なしなので、にじみ出るアットホーム感が魅力。もし次回作があるのなら、ぜひ奏も入れてほしいです。やはり一年に一回くらいは、市原ファミリーを摂取していきたいです。

――叶音は足を骨折したため、東京から実家に帰ってきている設定でした。骨折している設定の演技は難しかったですか?

動けないふりをしないといけないのは、これまでやったことがないので難しかったです。どうしても、普通に歩こうとしちゃうので……。ただ、昔、クラシックバレエをやっていたときにケガをしたことがあるので、そのときのことを思い出して演じました。片足での行動も、そこまで大変ではなかったです。

――本作は環菜（伊藤理々杏）が殺害された謎と、行方不明になった希莉（齊藤京子）を奈緒（森田ひかる）が追うストーリーが主軸となり、叶音が活躍する場が前作より少なかったですが……。

　寂しかったですね。もうちょっと私もお芝居をしたかったですし、叶音も事件を追うことができればよかったのにと思いました（笑）。でも出来上がった映像を見たらすごく面白かったです。私が言うのもおこがましいですが、齊藤さんや森田さんたちにも2年の年月が経っていて……。以前とはまた違った、大人になった雰囲気が役柄と作品にうまくマッチしていて、すごく魅力的になっていたと思いました。

## 〝家族〟は自分の中の土台 いい関係を築いていきたい

――希莉の母親との関係など、〝家族〟が大きなテーマでした。この作品に携わって、あらためて家族について考えましたか？

　ドラマの中では、家族や姉妹でも言えないことがあり、悩んでいるキャラクターが多く出てきましたが、その感情はすべて「わかる！」と思いました。私も実家にいたときは友達みたいになんでも家族に話していたんですが、仕事を始めて、一人暮らしをするようになってからは、心配をかけたくないという気持ちからあまり多くを相談しなくなりました。もし相談事ができても、家族より友達や仕事仲間といった、言ってわかってもらえる人に話すことが多くなって。これは大人になると起こる当然の変化で、おかしなことではないと思いますが、やはり子どものころは想像もしていなかったことだし、親もその変化についていけない部分もあるのかなと考えさせられました。

――奈緒や希莉に共感できたんですね。

　奈緒も希莉も環菜も、みんなそんな成長とともに起こる変化のなかにいて、すごく身近に感じられました。そして物語を通じて感じたのは、〝家族〟はどんなことがあっても〝家族〟で、親は子どものことをきちんと見てくれているんですよね。そう考えたら、私にとって〝家族〟は自分が生きていく土台となる部分でもあるので、これまでとはまた違った関係を築きたいなと思うようになりました。

――何か行動に起こしたのですか？

　この作品をお母さんにも見せて、「どうだった？」と感想を聞きました（笑）。そうやって繋がりを少しずつ増やしていくのが大事かなと。繋がっていて当たり前と考えがちなのが家族ですが、できるだけ自ら繋がりを増やしていきたいと思いました。

――親との関係はもちろんですが、姉妹という間柄も物語のカギを握っていました。前作はギクシャクしていた琴音と叶音の仲がうまくいくなど、時間が解決する部分もあるんだなとあらためて感じますね。

　やはりみんな成長していましたね。そんななかでも希莉の母親と対峙していた琴音がいちばん成長していたんじゃないかと思いました。もともと琴音の役柄はすごく好きだったんですが、結婚して子どもができて、またひとつ視野が広くなったというか……。「自分の家族はこうだから」と押しつけないのがすごくいいんです。そして主張するところはきちんと主張する。これって優しくて控えめな部分を持っている小林さんだからこそ演じられるんだと思います。以前も感じましたが、小林さんは本当にお姉ちゃんのように包み込む温かさがありますから。理想のお姉ちゃんです。

――今回、同じ乃木坂46から伊藤理々杏さん、林瑠奈さんが参加されました。

　一緒のシーンがあるかなと思ったらほとんどなく、すごく残念でした。理々杏さんはお芝居の経験も多く、ふだんから天職のようにアイドルをされている方なので、環菜そのもので。さすがだと感じました。瑠奈ちゃんは、独特の雰囲気があるので、天真爛漫だけどどこか気になる美樹役にピッタリでしたね。今回は市原ファミリーとしか一緒のシーンがなかったので、次回があるなら、ほかの坂道のメンバーともご一緒したいです！

――ドラマは久しぶりでしたが、やはりお芝居をするのは楽しいですか？

　楽しいです。自分ではない何者かになれる時間はすごく特別だと思います。自分の立場や気持ちから解放されて別人になるなんて、普通はできないですから。そして、その役で得た感情などは自分のプラスになることも多い。なので、どんな役でも楽しいし、今後もやっていきたいです。

――叶音という役からは何を得ましたか？

　『ボーダレス』での叶音は〝夢を追う女の子〟だったので、夢のことだけを考えてそこに突き進んでいく真っ直ぐさや、その感覚を持てることが幸せであることをあらためて感じました。そして『アクトレス』では〝姉を支えるしっかりとした妹〟になっていた叶音から、姉から愛情を受ける幸せを得ました。こうやって役を通じて知れた感情や気持ちは、自分の中にずっと残っていくと思います。ただ、つらい役だとどんな感情が残っていくのか……。一度はサイコな役をやってみたいので、そのときの楽しみにしておきます。

――本作の見どころを教えてください。

　このシリーズならではの、さまざまな出来事が少しずつ繋がっていき、事件が解決されていく感覚を楽しんでいただきたいです。作中にちりばめられている伏線を拾い集めながら見ると、絶対に楽しいと思います。そして、配信なので見終わって全貌がわかってから、もう一度最初から見ることをおすすめします。最初に見ていた景色とはまた違ったものが見えてくるはずです。ぜひ『アクトレス』の世界にどっぷり浸かってください！

はやかわせいら　2000年8月24日生まれ
大阪府出身　A型　T164　乃木坂46 4期生

# 「ドミナン」に入ってすぐ〝実家に帰ってきた〟と思いました

# Interview

## 林瑠奈

天野美樹

美樹を演じることで
ふだんとは違う自分になれました

## 細かい部分まで監督と相談して美樹を作り上げました

──「3坂道」合同のドラマが作られると聞いてどう感じましたか？

『ボーダレス』を見ていて、グループの枠を超えて距離が近くなっていくのが羨ましいと思っていました。ふだん、ほかのグループの先輩方や同じオーディションを受けたほかのグループの同期の子たちと一緒になることがほとんどないので、それがすごく新鮮に見えて。新たな関係が生まれるこのなかに入れたことにすごく喜びを感じました。それと同期の櫻坂46の大園玲ちゃんと一緒なのが本当にうれしくて。玲ちゃんはいい意味でぜんぜん変わっていなくて、早く一緒のシーンを撮影したいと思いました。

──演技初挑戦でしたが、最初は不安などはありましたか？

もちろんありました。私は舞台もやったことがないので、「どうしよう」ってソワソワしちゃって。撮影のときに同じグループの伊藤理々杏さんと一緒だったので相談したんです。そしたら、「大丈夫だよ！」のひと言だけで……。緊張が解けることはなかったですね（笑）。「私でいいのかな？」という心配が常にあって。それがなくなったのは、撮影が始まってしばらく経ってから。でも撮影を重ねていくことで自然と演じることが楽しくなっていきました。

──美樹を演じるうえで気をつけたことはありますか？

美樹は底なしに明るいので、常にニコニコしていようと気をつけました。それはカメラの前だけではなく、撮影の合間も意識して、美樹のようにいろんな方とコミュニケーションを取ろうと心がけていました。私は人見知りなところがあるので、なかなか自分から話しかけることができないのですが、このときだけはがんばりました。そしたら美樹の影響か、人見知りは少し解消された気がします。

──人見知りだったんですね。美樹とは性格がまったく違いますか？

美樹は私の憧れる性格の持ち主なんです。たまに空回っちゃったりするけど、愛らしさがあるから周りのみんなが助けてくれる女の子で。自然と周りを巻き込んで空気を明るくするのは素晴らしいって、演じていて感じました。あと、希莉さん（齊藤京子）と一緒に暮らせるのもすごいですよね。私、先輩と一緒に暮らすことになったら絶対に緊張しちゃうし、変に気を使いすぎてしまう気がして……。美樹は、基本遠慮がなくてオープンなんだけど、失礼にならない基準を感覚で知っているんです。人づきあいが上手なところはすごく羨ましいと思いました。

──美樹の衣装や髪型はシーンにより異なり、これまでの林さんとは違った印象を与えていましたが、事前に林さんからアイデアなどを出したのですか？

「こっちの色味がいいかも」「では、この髪型にしませんか？」と衣装も髪型もいろいろ相談させていただきました。おしゃれを楽しんでいる雰囲気を伝えられたらと思い、何パターンも見せてもらって、すごく楽しかったです。全体としては、ほかのキャラクターとのバランスを考えましたが、いつもの私では想像もできない雰囲気の衣装や髪型を選ぶ

ことができてよかったです。ちなみに私は前髪を上げることはめったにしないので、かなり新鮮に感じました。そして「自分が思っているより変じゃないかも」と思い、撮影が終わってからも前髪を上げることが多くなりました。自分を知ることができるいいきっかけになりました。

――元気な後輩キャラの美樹ですが、入院しているシーンでは、違った一面を見せています。演じていていかがでしたか？

台本をいただいたときから心配だったのですが、やっぱりすごく難しかったです。撮影も序盤におこなわれたので不慣れな部分も多く、「どうしよう」と不安でいっぱいで。ただ、監督から「ここの目線はこうしたほうがいいよ」などと、細かくアドバイスをいただき、なんとか演じることができました。

――監督といろいろ相談しながら美樹像を作っていったんですね。

リハーサルから演技一つひとつを確認して本番に臨んだ感じです。監督からは、「自分が思っている以上に目を動かしすぎない」ことなどを教えていただきました。やはり外から見ているからこそわかることがあり、それを指摘してくださってすごく勉強になりました。それと同時に、演技とはそんなに細かいところまで意識しなければいけないものなんだと知りました。

――実際に映像を見て、監督が言ったことの意図はわかりましたか？

わかりました。目が動くだけで何か特別な意味を持ってしまうとか、視聴者だったときは気に留めたことはなかったのですが、すごく大事なことだと思いました。セリフがなく、映っているだけでも、そこから発せられる情報はすごく多くて……。ミスはできないなとあらためて思いました。

――監督から「もっとはっちゃけていいよ」と言われたと聞いたのですが。

撮影中はよく言われていました。本読みのときにキャラになりきってエチュード（即興劇）をやったのですが、なかなか会話に入ることができなくて……。どうしても周りの会話のテンポを気にしてしまって、タイミングがズレてしまうんです。それを見た監督からは、「空気を読まず、自分のスピードで話して」とアドバイスをいただきました。美樹は“我が道を行って周りを巻き込むタイプ”だから、もっと自由でいいと。このアドバイスは、美樹を演じるうえで大切にしました。

――美樹の自由さは会話のテンポでも表現されていたのですね。

思いついたことをパッと口にする子なので、そのタイミングを大事にしました。それが美樹らしさとして映っていればすごくうれしいです。ちなみに私自身は会話をするときも空気を読むタイプなので、よけい難しかったというのもあったと思います。

――初めてのことだらけだったと思いますが、NGを出しましたか？

何回もやり直させてもらったところはあります。なかでも、感極まってたたみかけるように話すシーンは、感情を高ぶらせるのが難しかったです。そんなときも監督からアドバイスをいただき、乗り越えました。

――第4話では大雨の中で電話をするシーンがありましたが、雨に打たれながらのシーンはいかがでしたか？

実際には雨だけでなく風も強く、足元を気にしながらのお芝居だったので大変でした。

でも、終わったら「よかったよ」とみなさんに言っていただいたので、いい感じにできたんじゃないかなと思います。

――演じているときと映像になったときの違いに驚いたことはありましたか？

　画面で見ているとき、あたり一帯に雨が降っているように見えるのですが、じつは降っているのは一部だけで、雨の映像の作り方がすごいなって思いました。光の使い方も自分が演じているときはわからなかったことなので、完成した映像を見て「こんなふうになったんだ」って、驚きましたし、すごく勉強になりました。それと、撮影はストーリーの順番どおりではなかったので、あのとき撮ったシーンとこのシーンがこんなふうに違和感なく繋がるんだと驚きました。なかなか自分の中では繋がらなかったので。初めてのドラマだったので、ドラマの作り方も一緒に学べた気がします。

## 美樹になることで今までとは違う自分を発見

――希莉を演じた齊藤京子さんやポー子を演じた日高七海さんとのシーンも多かったですが、現場の雰囲気はいかがでしたか？

　はじめましての方ばかりだったのですが、みなさんがたくさん話しかけてくださったおかげで空気が和んで、すごくいい雰囲気のなか、リラックスして撮影できました。日高さんには、これまでやられてきたお芝居についてなど、私のぜんぜん知らない世界のお話をたくさん聞かせていただいて。興味深く、そしてためになることをたくさん教えていただきました。あと京子さんとは撮影の合間にお話をさせていただきました。真面目な話というより、雑談みたいな感じで話しかけていただいて、希莉さんと美樹の関係性の延長みたいな感じで現場にいることができました。

――希莉とポー子と美樹の3人のシーンがすごく自然で芝居っぽさがなかったのは、現場での空気づくりのおかげだったんですね。

　そうだと思います。京子さんと日高さんが私を美樹にしてくれたというか……。初めは美樹を演じていてもどうしても美樹になりきることができていなかったのですが、第2話の希莉さんの部屋に3人が集まって話しているシーンで、美樹の立ち位置が整理できた気がしました。やっと自分の中での正解が見えた気がして、そこから吹っ切れたというか。お二人のおかげだと思います。

――〝家族〟が大きなテーマでしたが、林さんにとって家族はどういう存在ですか？

　私は母とすごく仲がよくて、どこか友達に近い存在です。性格が似ているのでケンカもしたりしますが、どうやったら仲直りできるかもわかっている関係で。ただ希莉さんの親子関係を見ていると、みんなそれぞれ事情があって難しいなと思いました。どこかで折り合いをつけて許したり、向き合う気持ちを持たないと、いつの間にかすれ違ってしまうんですよね。そういうところは自分も気をつけたいなと思いました。やはり家族は、どんな関係でもかけがえのない存在なので。

――〝家族〟はドラマの大きな見どころのひとつですよね。

　第8話で琴音さん（小林由依）が希莉さんの母親・ユキさん（渡辺満里奈）を訪ねるシーンがあるのですが、ここがすごくよかったです。「家族だったら許してもいいんじゃない？」という琴音さんのセリフがあるのですが、核心をついていて。いいこと言うな～と、胸がじわっとなりました。あと、希莉さんをはじめ、『ボーダレス』から登場しているキャラクターたちの成長や関係性の変化も楽しめると思います。見逃せないシーンが多いので、一度ご覧になった方も、再度第1話から見返すと新たな発見があると思います。ぜひ楽しんでください。

――演じることは楽しかったですか？

　最初は緊張しかなかったですが、共演者の方々と関わるシーンが増えていくにつれて楽しくなりました。あと、美樹になりきることでふだん周りには見せないようなテンションでいられたり、人と気軽に接することができたりと、これまではできないと勝手に思い込んでいたことへのハードルを低くしてくれるのがすごく楽しかったです。これを機に、自分の人見知りな部分などを直したいと思うようになりました。自分と対話するいい機会だったと思います。

――またお芝居をやってみたいですか？

　機会があればぜひ！　今回はすごく普通の女の子だったので、今度は現実離れした役もやってみたいです。あと、理々杏さんが演じた真瀬環菜みたいな役にも憧れます。

――歌やダンスも曲や自分を表現することですが、お芝居はまた違う感覚でしたか？

　違う部分はたくさんありました。ただ同じだなと感じる部分もあって……。いつもの活動はグループなのでバランスがすごく大事で。ダンスも少しズレるときれいに見えなくなるし、誰か一人でも気持ちが違う方向を向いていたら、そこからほころびが出てしまう。それに対して、お芝居は一人でするものと撮影が始まる前は思っていました。でもこの現場に入って感じたのは、やはりチームなんだということ。私がどこかでズレていたらその空気感がダイレクトに影響してしまう。みんなでやりやすい空気を作っていくことの大切さは変わらないです。

――今回の経験はこれからの活動に生かすことができそうですか？

　生かせると思います。京子さんたちが作ってくださった現場の雰囲気など、私もグループの仕事場で作っていけたら。あと、美樹という役のおかげで、人と会話をすることへの抵抗感が減り、前よりも後輩と話せるようになったんです。これは人見知りな私にとって大きな一歩。みんなで一丸となってものづくりをする楽しさを伝えていきたいです。

はやしるな　2003年10月2日生まれ
神奈川県出身　O型　T164　乃木坂46 4期生

# 美樹を演じたことで、前よりも後輩と話せるようになりました

# Interview

# 伊藤理々杏

真瀬環菜

人に嫌われる役を演じることは
難しかったけど楽しかったです

## キャラクターを考えるのは すごく楽しかったです

——出演が決まったときの感想は？

『ボーダレス』を見ていたので、同じような形のドラマが制作されると聞いて、出演できたらいいなと思っていました。でも、まさか本当に出演できるとは思っていなかったので、お話を聞いたときはびっくりしました。そして「ほかのグループの方と友達になれるかも！」と楽しみだったんですよ。まぁ、これは私の役的に厳しく、ほかのメンバーと一緒のシーンはほぼなくて、総集編のお鍋を食べるシーンにも呼ばれなかったんです（笑）。これまで舞台などでいろいろなお芝居に挑戦させていただきましたが、ミステリーというのは今まで挑戦したことがないジャンルだったので、かなりワクワクしました。

——物語を動かすキャラクター・真瀬環菜を演じると聞いてどう思われましたか？

どうしよう、最初に死んじゃう……って思いました（笑）。あと、これまでは明るく天真爛漫な役が多かっただけに、他人に厳しく高飛車なイメージのある環菜ちゃん役は、今までやったことのない役だったので正直不安で。どうやって演じていこうか、台本をいただいてからいろいろ考えました。

——環菜はマネージャーである里英（上原実矩）をはじめとしたスタッフの前と、女優の仕事をしているときとでは、態度がかなり異なる二面性のある役でした。演じていて難しいと感じた部分はありましたか？

2つの違う顔を見せなければいけないので、その違いをどのように表現すればいいのか、すごく悩みました。環菜ちゃんの裏表のある性格が物語のカギを握っているので、わかりやすく、でも繊細に演じたいなと思って……。監督からは、「今っぽい高飛車なインフルエンサーのような感じで演じて」と言われたのですが、私自身、あまりSNSをやっていなかったので、どんな感じなんだろう？といろいろな方の投稿を見て研究しました。ちなみに環菜ちゃんは、お仕事のたびに「写真を撮って」と言うんですが、これはすごいと思いました。最近、私もインスタグラムを始めたので、なるべく写真を撮ろうと思っているのですが、「写真を撮って」とお願いするのは苦手なので……。なんか私とは違うなって思いました。

——伊藤さんと環菜は同じアイドルですが、ぜんぜん違うんですね。

性格的にもぜんぜん違います（笑）。でも役と自分が違うから面白いなと感じました。まぁ実際に環菜ちゃんがそばにいたら、性格が合わないから友達にはなれないし、環菜ちゃんが私の後輩だったら距離を置いちゃうかも（笑）。でもある意味、環菜ちゃんはすごく人間らしい部分があると思います。普通、裏表のある性格なんてもっと上手に隠せるはずなんです。それがぜんぜん隠せていなくて、ボロボロと出ちゃってる。それがどこか正直な感じがして、憎めないなと思いました。

——伊藤さんとの共通点はありましたか？

アイドルという仕事をしていることだけかな？　完全に反面教師です。周りの人に環菜ちゃんが感じさせたような思いをさせないよう、真面目に生きていこうと思いました。ただ面白いと思うのは、環菜ちゃんはかなりのパワーの持ち主で。ケンカをしたり、人に立ち向かうのはかなりパワーが必要なのに、それをやってのける。自分に正直に、真っ直ぐに自分の道を進んでいるところは逆にすごいって思いました。少年マンガのヒーローに備わっている性格なのに、その使い道を間違えたなって（笑）。それも彼女の魅力だと思います。

──先ほど監督から「高飛車なインフルエンサーっぽく」という話があったとのことですが、どのようにキャラクターを作っていきましたか？

ベースは自分で台本を読んで作りました。そしてそれを現場に持っていって、細かい部分はシーンごとに監督からアドバイスをいただいたりして。私自身、マンガやアニメが好きなので、いろいろ想像してキャラクターを作るのが好きなんです。今回も台本を読んで想像して〝真瀬環菜〟を作りました。ちなみに、環菜ちゃんが表で見せているお仕事の顔は、自分がふだんお仕事をしているときの雰囲気を生かせたと思います。そうやって自分がやってきたこともうまく取り込みながらキャラクターを作りました。

──〝真瀬環菜〟は、第1話から強烈な印象を残し、多くの人から悪意を持たれても仕方がないと思わせる役どころでしたが、嫌われるようなキャラクターを作るのは難しくなかったですか？

最初のほうは「なんだ、こいつ？」と思わせないといけないので、嫌われるにはどうしたらいいかを考えました。でも普通、生きていて嫌われるために何かをしようと思うことってなかなかないんですよ。なので、どうしたらいいか、かなり迷って……。最終的には、「こんな子がいたらみんな苦手だと思うな」というキャラクターを考えました。ちなみに私は、昔からアニメの「プリキュア」シリーズとかを見ていても敵のかわいい女の子が好きだったり、サンリオのクロミちゃんが好きだったりと、意地悪だけど優しいところがある女の子がすごく好きで、環菜ちゃんも100％嫌われるのではなく、愛らしいところもある女の子にしました。見ている方に、自分にも少しはこういう部分があるかな、と感じてもらえたらうれしいなと。そしてそういった部分が物語の後半になって少しずつ明らかになることで、第1話で感じたたんなるイヤな子から、こうなってしまったのはかわいそうだと感じてもらえるキャラクターになったんじゃないかなと思います。

──殺害されるシーンは迫力満点でしたが、演じていていかがでしたか？

大変でした！ 実際に体当たりのような形でぶつかってもらったのですが、手加減されたら憎しみや嫉妬といった言葉では表現できない感情が伝わりにくいと思ったので本気でお願いしました。そうしたら、体当たりされながら本当に憎まれている、嫌われていると感じて、アドレナリンがどんどん出てきて。血のりのおかげもあり、かなり迫力のあるシーンになったと思います。体当たりされる大変さもあったのですが、その苦しさがあったからこそ出すことができた表情を見せられたと思います。ちなみに、憎しみを身近に感じるって、あんなに怖いものだとは思いませんでした。人って怒らせると本当に怖い。初めて感じた恐怖でした。

──里英を演じた上原さんとのシーンが多かったですが、何かお話をされましたか？

里英に冷たくする役だったので、いろいろな感情を本気で出してくださいとお願いしました。上原さんはカメラが回っていないときは気さくで、すぐに話しかけてくださるいいお姉さんだったので、演技とのギャップがすごくて（笑）。実際に役についてもかなり繊細に作り込まれていて、監督といろいろ相談されていました。私はその姿を横目で見ながら、「ここはもうちょっとオーバーにしよう」と考えたり、監督を含めてお話をしながらみんなで作っていった感覚があります。

――齊藤京子さん演じる片山希莉ともかなり激しい女同士のバトルを繰り広げていましたが、現場はどのような雰囲気でしたか？

齊藤さんとは、ほぼ初対面だったんです。なのに、かなり間近であんな顔を見せるのが恥ずかしいと最初は思いました。ただ、環菜ちゃんとしては平然としながらも、どれだけ相手をムカつかせるかという勝負でもあったので（笑）。なかなか人をムカつかせることなんてやったことがないので楽しかったです。これはみなさんが見て、どう感じるのか、かなり不安なシーンだったんですけど。ファンの方にとってはいつもと違う私なので、面白がって楽しんでいただきたいです。

――プロデューサーの鴻巣を演じた袴田吉彦さんとのシーンも多かったですね。

ふだん、なかなかご一緒することがない方なので、たくさん勉強しようと思ってお芝居をじっくり見せていただきました。袴田さんはふだん気さくな方なのですが、カメラが回ると一気に仕草や表情、雰囲気が変わって。言葉の端々で「こんな人いたらイヤだな」と感じさせるのが本当にすごいと思いました。かなり勉強させていただいた気がします。

## 家族によって形が違う あらためて家族に感謝です！

――本作のテーマのひとつが〝家族〟だと思いますが、伊藤さんにとって家族とは？

私の思っていることを尊重してくれて、すごく自由な環境を作ってくれる存在かな。縛らず好きなことをさせてくれて、東京まで送り出してくれるなんて感謝しかないです。今回、いろいろな家族が出てきましたが、あらためて私は自分の家族の一員でよかったと思いました。家族の形はどこも違うので。あと、私は一人っ子なので姉妹って不思議な存在なんだなと感じました。近しい関係だけど負けたくないと思うところがあるなど、ひと言では言い表せない部分があって。楽しげなシーンを撮影しているときは「私にも姉妹がいたら」と思いましたが、バチバチなシーンでは「やっぱり一人っ子でよかった」なんて考えたり（笑）。もし可能なら、お兄ちゃんが欲しいです。同性だとどうしても相手のことをライバル視してしまう部分があると思うので。異性のほうがいい気がします。

――今回、性格がキツめという今まで演じたことがない役に挑戦されましたが、演じてみていかがでしたか？

楽しかったです。こんなこともできるのかと新たな発見があって……。じつは以前からずっと悪役をやりたいと思っていたんです。なのでその夢は叶ったかなと。環菜ちゃんは熱く、情熱的でしたが、今度はクールで冷徹な悪役をやってみたいです。また違った楽しみがあると思うので。あと、今回とは真逆のかわいい妹も演じてみたいです。見た人が〝かわいくて守ってあげたい〟と思ってくれるような愛されキャラにも憧れます。

――ちなみに今回、現場では台本を持っていなかったという話を聞きましたが……。

現場では基本、読まなかったですが、カバンの中には入れていたと思います。セリフも膨大にあるわけではなかったので、頭に入れて現場に行き、相手の演者さんと話し合いながら柔軟性を意識して演じていました。これは舞台を何度もやらせていただいているからできたことで。舞台では稽古をしながらセリフをどんどん変えて本番に向けて作り込んでいくので、その経験を生かせたのかなと。ただ舞台とドラマはやっぱり違いました。ドラマは一瞬が勝負なので、すごく緊張して……。ドラマにはドラマの、舞台には舞台のやり方があるんだとあらためて感じました。勉強になりました。

――伊藤さんがお芝居を面白いと感じたのは、どの作品に携わったときですか？

初めてお芝居をした、２０１７年に開催された舞台「乃木坂46 3期生初公演 3人のプリンシパル」です。（二幕構成の）第一幕で自分をアピールするのは難しかったのですが、第二幕のお芝居パートはすごく楽しかったです。やっているときはつらいことも多かったですが、あそこで得たものはかなり大きかったです。あれ以降、見るのも演じるのも、どちらも好きになりました。

――今後もお芝居にチャレンジしていく気持ちは変わらないですか？

もちろんです。これからも映像や舞台などジャンルを問わず、いろいろな役を演じていきたいです。楽しみにしていてください！

いとうりりあ　2002年10月8日生まれ
沖縄県出身　B型　T154　乃木坂46 3期生

# ドラマにはドラマの、舞台には舞台の
# やり方があるんだとあらためて感じました

友達、姉妹、親子……お互いを想う気持ちに感動!

# 名シーングラフィティ 絆part

物語の中で描かれたさまざまな絆の形。相手を思いやるからこそ生まれた感涙ものの言葉とともに振り返る。

## 奈緒×希莉 友達の絆

久しぶりに会った奈緒と希莉。奈緒は、警察官を辞めたことを話したいと思っていたが、夢に向かって堂々と歩む希莉を見てうまく話せず取り繕った笑顔を見せてしまう（第1話）

奈緒「真瀬環菜と会うだけでもすごいのに、意見しちゃうんだもん。……すごいなって」
希莉「……奈緒の方が凄いよ。刑事なんだから」

奈緒「でも、ひょっとしたら、希莉の方が、全然孤独だったのかもしれないですね……」

「……。また、会いたいです。希莉に」

「どんな事実があったとしても、ここで終わりにしたくないです」

希莉の実家を訪ねた琴音から、希莉が家族とうまくいっていないらしいという話を聞き、驚く奈緒。順風満帆に見える希莉の姿だけが真実ではないと気づく（第2話）

希莉「私は、何年たっても、この小説を読むたびに、高校時代を思い出すと思う」

高校生のころ、奈緒は警察官に、希莉は小説家になるという夢に向かって励まし合っていた２人。奈緒の部屋を訪れた琴音は、当時の仲睦まじい2人の写真を見つける（第３話）

希莉「今回も、最後までしっかり見届けたい。また、あの時みたいに、奈緒と一緒に取材したい」

奈緒と希莉は、５年前も一緒に殺人事件の犯人を追い、事件解決に導いていた。その経験を糧に小説家になることを心に決めた希莉は、ふたたび奈緒と事件を追いたいという強い想いを伝える（第６話）

犯人を見つけたいという希莉。奈緒は危険な目に遭ってほしくないので何度も止めるが、「奈緒とだったらできる」と切望する希莉にほだされてしまう（第６話）

奈緒「希莉、言っても聞かないじゃん」

希莉「ありがとう」

## 奈緒×朋美
## バディの絆

朋美「話してごらんなさい。
お姉さんに」

カフェ「ドミナン」にかかってきた希莉に関する奇妙な電話。琴音からそのことを希莉に伝えるように言われるも、積極的になれない奈緒を見かねて朋美が優しく問いかける（第1話）

## 希莉×美樹
## 仲間の絆

希莉の行方を追うための協力ができて誇らしげな美樹だったが、希莉が監禁されていた事実を知り、希莉を思うがあまり怒りが爆発。その勢いに朋美は「情緒大丈夫、このコ」と心配する（第6話）

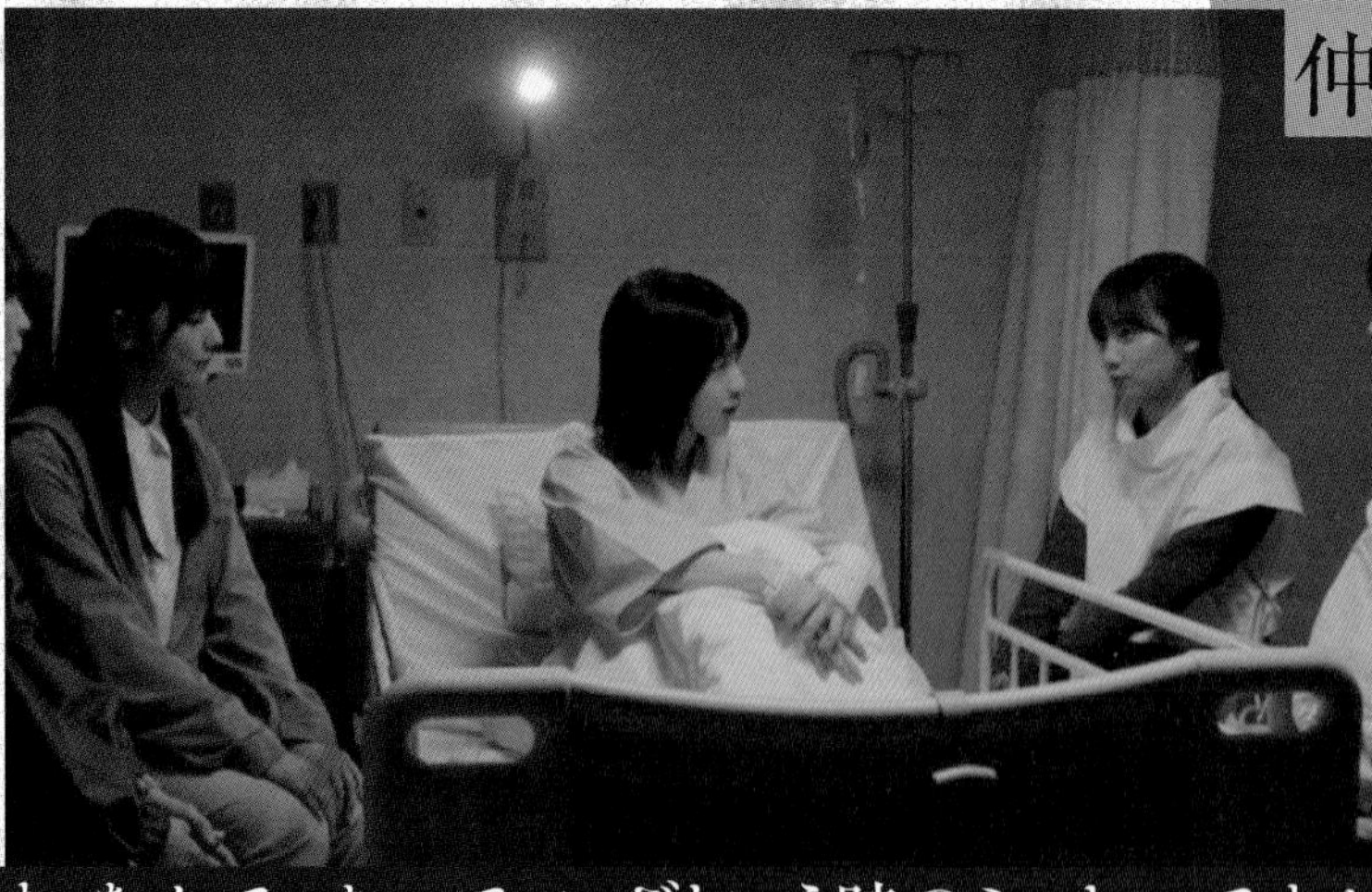

美樹「ま、なんてったって、いざという時のミッキーですから」
「くそ！　むかつく！　何でそんな事するんですか！
今からそいつ殴ってきます！」

## 琴音×叶音
## 姉妹の絆

希莉に対する母・ユキの冷たい態度が気にかかる琴音。希莉の行方を追いたいと思うが、店や娘を放り出して行くことに躊躇する。しかし、妹の叶音がその気持ちを後押しする（第４話）

叶音「奏のことなら私に任せて。今度は私がお姉ちゃんを助ける番」

叶音「親に心配されない方が、
子供としては寂しいんじゃないかな。
私は、お姉ちゃんが沢山心配してくれたけど」

## 琴音×静男
## 親子の絆

久しぶりに父・静男とともに店で接客をした琴音は、家族と過ごす時間のよさを噛みしめる。そして、母親になって間もない自分は、親として未熟なのではと父に弱音を吐く（第７話）

静男「琴音だからわかることもあるんじゃないのか」
「どっちが親として、家族として、正解とかはないよ」

# 環菜×里英 姉妹の絆

## 環菜「私たちで『ませかんな』を作り上げよう」

親戚の家に預けられ、姉妹２人で支え合って生きてきた里英と和美。赤いハイヒールを履いた和美と「女優ごっこをしている時間だけが２人の拠りどころでした」と、里英は楽しかった思い出を振り返る（第８話）

幼いころから美人で学校でも人気者だった和美は、高校生のころスカウトされて芸能界へ進む。そのとき名乗ったのが、里英が考えた〝ませかんな〟という芸名だった（第８話）

# 里英「めっちゃ笑顔」環菜「だってお姉ちゃんが笑ってるからさ」

環菜のSNSの最初の投稿は、里英が撮影した笑顔の写真と「みんな、私が幸せにするから」の言葉。その〝みんな〟とは、姉にも向けられたメッセージだったと奈緒（第8話）

# 奈緒×楓
# 親子の絆

母・楓に仕事のことを聞かれた奈緒は、ようやく笑顔で「いい感じだよ」と答えることができた。そして、それまで母に言い出せず、胸につかえていた気持ちを吐き出す（第8話）

奈緒「警察辞めてからいろいろ
悩んでいた時期があって。聞いてくれる?」

楓「もちろんだよ、奈緒。私はあなたのお母さんだよ」

「家族なんだから、何でも話して」

奈緒「ありがとう」

母の体調をずっと気遣ってきた奈緒。いつも娘を温かく迎え入れ、見守り続けてきた母。そんな2人にもお茶を飲みながらゆったりと話す時間が（第8話）

## 希莉×ユキ 親子の絆

ユキ「家族だということと、家族でいること、家族になることとは少しずつ意味が違います。家族は無条件に成り立ってるんじゃないんです」

琴音「いいじゃないですか、家族なんだから。許してあげても」

親の期待に反する道に進んだ娘の希莉を〝片山の人間ではない〟と言い切るユキに、琴音は精いっぱいの想いを伝える。「希莉ちゃんは、すごく寂しがってると思います」と（第８話）

奈緒に背中を押されて実家に戻るも、希莉は久しぶりに会う母を前に言葉が出ない。しかし、ユキから「おかえり」と言われると自然と笑顔が溢れた（第８話）

ユキ「おかえり」
希莉「ただいま」

Actress 第1話

# 小説を模した猟奇的な事件が発生。希莉の突然の失踪との関係は……

Synopsis

高校時代の同級生である森奈緒と片山希莉。奈緒は、希莉が主宰する劇団の公演を観に行き、久しぶりの再会を果たす。しかし、公演後に劇団員とともに向かった焼肉店で鉢合わせした人気女優の真瀬環菜に希莉が「(環菜の芝居は）芝居じゃない」と言い放ち、雰囲気は暗転。奈緒も、有名人に物怖じせず意見する希莉に距離を感じてしまう。

それから数カ月後。環菜の小説『エスケープ・ビヨンド』を模倣した奇妙な事件が発生。一方、奈緒と希莉の友人で、カフェ「ドミナン」を営む中島琴音のもとにかかってきた怪しい電話をきっかけに、希莉の失踪が発覚。奈緒は、勤務先の探偵事務所の先輩・田川朋美と行方を捜し始める。

演出・頃安祐良が語る！

## 撮影の裏側＆見どころ

### 伊藤さんは〝ワガママな人気女優〟という難しい役をうまく演じてくれました

もっとも見てほしいのは、やはり焼肉店のシーンです。希莉役の齊藤京子さんと環菜役の伊藤理々杏さんは、とても迫力満点にいがみ合ってくれました（笑）。物語を通してもっとも多くの登場人物が会する場面で緊張感もあったと思いますが、たくさんの役者さんを前に臆することなく演じ切ったのはすごいなと。また、焼肉店のシーンは、２人が本気で言い合いをしているという絵面のキャッチーさだけでなく、人気女優の環菜の横柄な裏の顔を見せ、希莉たちから疎まれていることを印象づけるために大切なシーンでもありました。それを伊藤さんは非常にうまく演じてくださったと思います。あの演技があったからこそ、その後の物語の展開が生きてきたと言っても過言ではありません。

それから、有名人の環菜に言いたいことを言う希莉を見て、置いていかれたような気持ちになってしまう奈緒にも注目を。前作の『ボーダレス』で信じ合える間柄になった奈緒と希莉の２人の気持ちがすれ違うところは、現場で見ていても切ない気持ちになりました。

Actress 第2話

# 環菜の衝撃的な死の一報！ 希莉を捜し出す決意をする奈緒と朋美

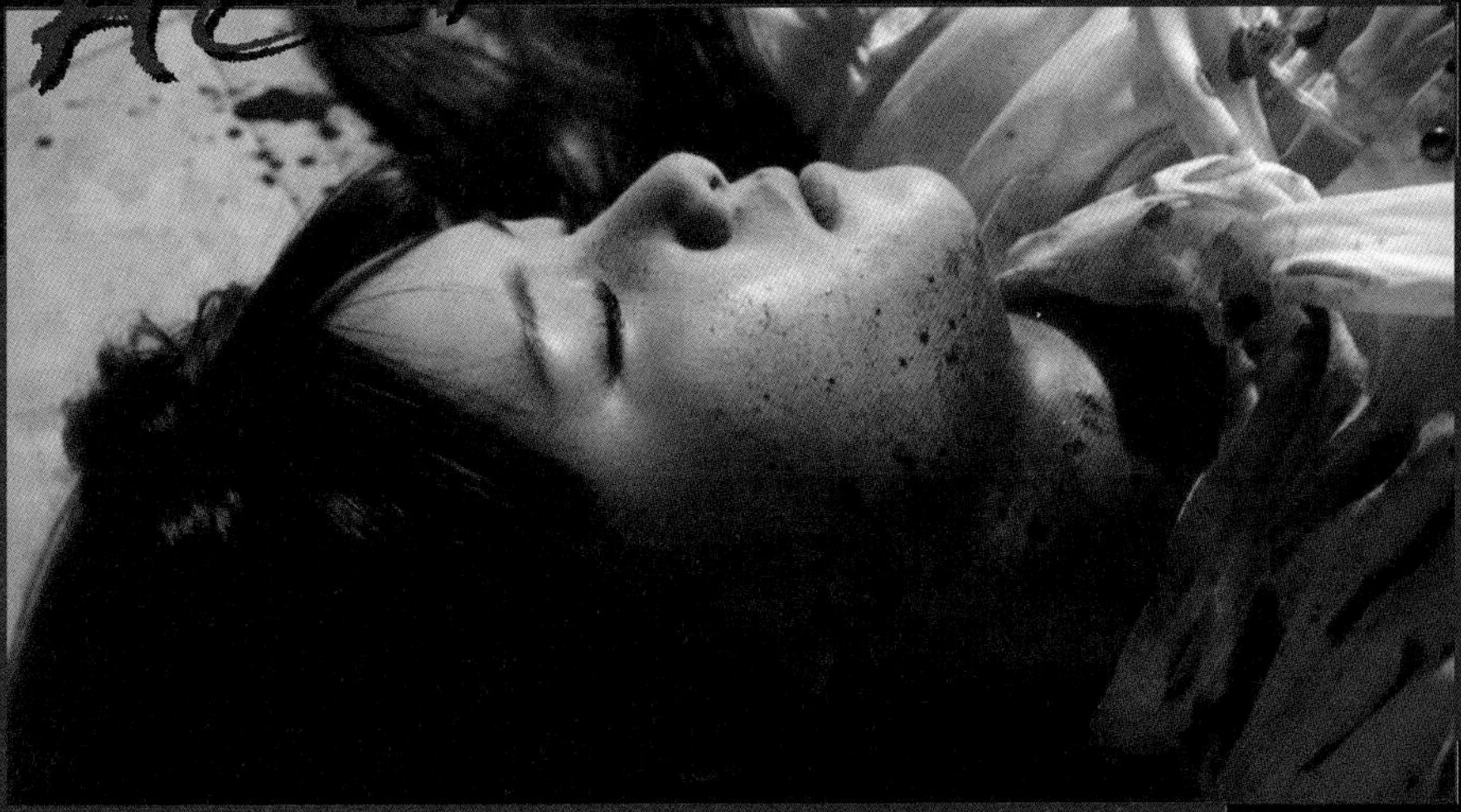

Synopsis

希莉が環菜と同じ芸能事務所「オフィス・デライト」に所属していたことを知った奈緒たちは、事務所のプロデューサー・鴻巣清継のもとを訪れる。そして、偶然にも環菜が自宅マンションで何者かに殺されたことを知る。環菜は誰に殺されたのか。行方がわからない希莉が犯人ではないかと疑う鴻巣。奈緒と朋美は、疑いを晴らすためにも希莉の主宰する劇団の劇団員に聞き込みを続ける。

一方、琴音は希莉の失踪を伝えるために、希莉の実家を訪れるが、母親の思いがけない冷たい態度に違和感を覚える。

そんななか、カフェ「ドミナン」に謎の電話をかけてきたと思われる女性が事故で病院に搬送され、名前はミズタマリだとわかる。

演出・頃安祐良が語る！

## 撮影の裏側＆見どころ

### 大園さんの特技である〝メモ〟を生かしたくて、朋美のメモシーンを作りました（笑）

大園玲さんが演じる朋美は、奈緒とバディを組む探偵事務所の先輩。友人の失踪に加え、仕事の悩みを抱えている奈緒に対し、朋美は彼女を元気づけて明るく引っ張っていく役どころです。当初、制作陣としては、大園さんはお芝居初挑戦ということで、明るい性格の朋美という役をまずは楽しんで演じてもらえたら、という気持ちでいました。でも、その気遣いは無用でした。大園さんは、最初こそ緊張しているように見えましたが、撮影が進むうちに、役に素の自分らしさを加えていき、朋美をとても魅力的なキャラクターに作り上げてくださったと感じています。それに乗じて、制作側も劇中に大園さんらしさを感じられる小ネタを仕込ませていただきました（笑）。それが、第2話で奈緒と朋美が古着店に聞き込みに行くシーン。〝メモを取る〟という、ふだんの大園さんの特技同様、朋美が急にメモを取り始めるので、ぜひ注目してください。

Actress 第3話

# 小説に隠されていた驚愕の事実！そして奈緒が探偵になった理由とは……

Synopsis

希莉を捜すうちに、奈緒たちは希莉が劇団の金を持ち逃げされたこと、その窮地を救ったのが鴻巣だったことを知る。また、それがきっかけで、鴻巣が希莉の書いた小説を強引に環菜名義で発表していたことも判明。それこそが世間を騒がせている小説『エスケープ・ビヨンド』で、奈緒が高校時代に希莉から受け取っていた小説と同じ内容のものだった。

さまざまなことが明らかになるが、依然として希莉の消息はつかめないまま。さらに、奈緒が以前、公演の打ち上げで会ったミッキーこと天野美樹も連絡が途絶えていることがわかる。それでも希莉を捜すことを諦めようとしない奈緒。その原動力は警察官を辞めたときの、ある後悔だった。

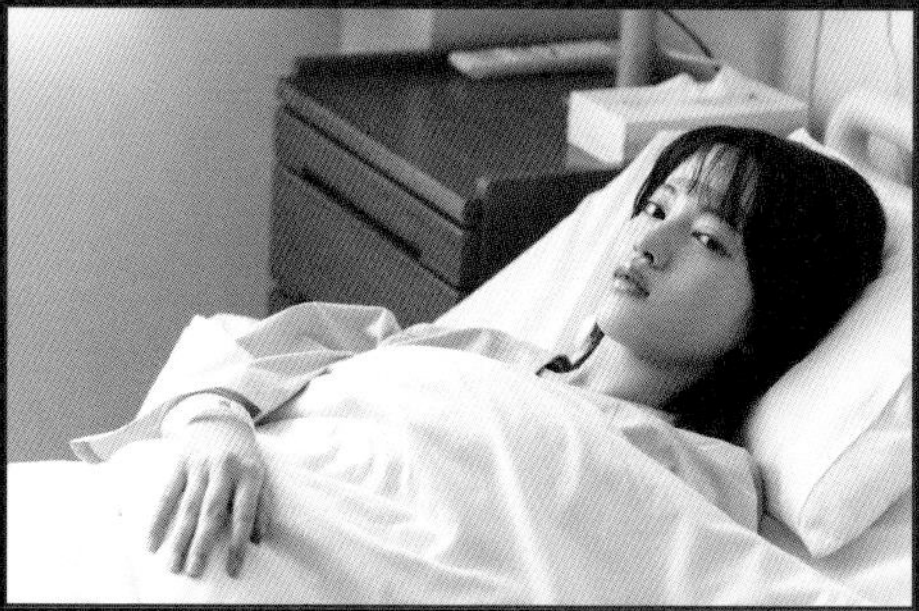

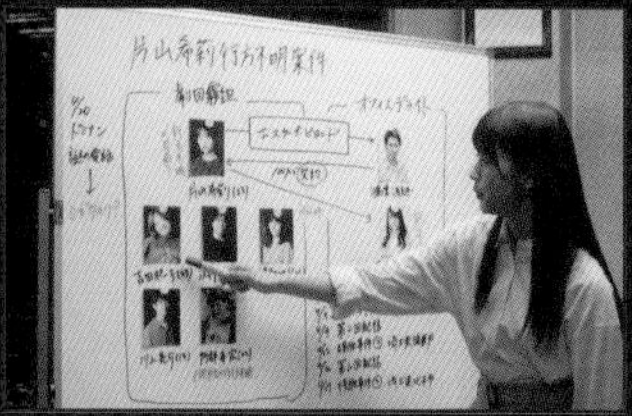

演出・頃安祐良が語る！

## 撮影の裏側＆見どころ

### 森田さんの涙のシーンは圧巻。奈緒が抱える深い悩みを見事にアウトプット！

第３話のハイライトは、やはり奈緒が探偵事務所で和田所長と一対一で話すシーン。母親の病気を理由に警察官を辞めた奈緒は、密かにそれを〝逃げだった〟と思って引け目に感じていたわけですが、奈緒が抱えてきたそういう苦しい思いを森田さんは涙を流しながら本当に感情豊かに出し切ってくれました。

また、探偵事務所といえば、朋美＆大倉コンビにも注目を。じつは、あの２人の掛け合いは、ほとんどアドリブなんです。大倉役の矢柴俊博さんは、事前に「毎回変えていくよ」と宣言されていて（笑）。大園さんは、はじめは慌てていましたが、矢柴さんとの掛け合いを重ねていくうちに自然な〝ボケ合い〟みたいなやり取りに仕上がっていきました。あるとき、大園さんの返しがあまりにも想定外だったのか、ついに矢柴さんがＮＧを出して。「負けた〜！」って、矢柴さんが悔しがっていたのがとても印象に残っています（笑）。

Actress

# 美樹の情報が希莉の居場所の手がかりに。事件の犯人は、環菜の熱烈なファン!?

病院に搬送されたミズタマリが目を覚まし、彼女こそがカフェ「ドミナン」に怪しい電話をかけてきた人物で、希莉の後輩かつ同居人の天野美樹だということがわかる。そして、美樹の話から、希莉が小説『エスケープ・ビヨンド』の模倣犯を捜していたことを知る。希莉は、環菜の熱烈なファンが小説の注目度を上げるために事件を起こしていると推測し、ファンのSNSを探っていたと美樹は説明する。希莉のパソコンを見れば、行き先のヒントがあるのではと話し、琴音にその役を託す。

カフェ「ドミナン」を空け、娘を置いて希莉を捜しに行くことを躊躇する琴音だったが、妹の市原叶音に後押しされ、奈緒と朋美とともに希莉のアパートに向かう。

演出・頃安祐良が語る！

## 撮影の裏側＆見どころ

### 琴音・叶音は、もはや本物以上の姉妹。小林さんと早川さんの演技の安定感がすごい

前作『ボーダレス』に続いて姉妹を演じた小林由依さんと早川聖来さんは、撮影の最初から本物の姉妹のような雰囲気がありました。前作から５年後の物語なので、琴音は結婚して子どもが生まれ、叶音は上京しているなど、ドラマの中の暮らしぶりは前作から変化しているのですが、まるで小林さんと早川さん自身がその数年を姉妹として過ごしてきたかのような空気感をまとって演じられていて。本当に驚かされました。とりわけ前作のファンの方には、姉妹の成長を感じることができるカフェ「ドミナン」のシーンを懐かしい気持ちで観てもらえるのかなと思います。

また、奈緒が劇団霧組のお金を持ち逃げした阿部幸宏を追いかける〝大捕り物〟のシーンも必見。『アクトレス』の中で唯一といえるアクションシーンで、森田さんが全力疾走する姿がかっこよかったです。思い切り転んでしまうハプニングもありましたが、ずっと本気で走り続けていて。奈緒は、比較的〝静〟をイメージするシーンが多いですが、それとのギャップが大きくて、演技の幅の広さに見惚れました。

# 事件のカギを握る男に監禁された希莉。奈緒、琴音、朋美もついにその男と対峙する

Synopsis

希莉のアパートを訪れた奈緒たち。パソコンの履歴を確認し、希莉が調べていた環菜の熱烈なファンだと思しきSNSのアカウントに辿り着く。そして、希莉が向かった先まで突き止めることができたのだが、そこは小説『エスケープ・ビヨンド』の模倣事件が起きた場所からそう離れていない場所だった。

手に入れた情報を元に、急いで希莉の足取りを追った3人は、とある民家でついに希莉を発見。希莉が日枝雅史という環菜のファンに監禁されていたことを知る。そして、環菜が殺害されたことにショックを受けた日枝とともに事件を追っていたということも。環菜を殺したのは自分ではないと言う日枝。真犯人はどこに？　事件は振り出しに戻る。

演出・頃安祐良が語る！

## 撮影の裏側＆見どころ

### 希莉の監禁シーンは「こんなに本気でやってもらっていいのかな」と心配しました

緊迫感とリアルさを追求したのは、希莉が日枝に監禁される場面。日枝に口を塞がれてしまうシーンや監禁中に希莉が閉じ込められた部屋のドアをガンガン叩いているシーンは、齊藤さんの演技が冴えわたり、本当に緊張感が伝わるものになったと思います。とくに、希莉が日枝に捕まってしまう場面は、リアリティを出すために3回以上撮り直しをしてこだわりました。鬼気迫る緊迫したシーンだったので、撮影しながらも「こんなに本気でやってもらって大丈夫かな」と心配になったほど（笑）。

それから、監禁が解けたのに日枝の元を去らないという、希莉の唯一無二な女の子感は、齊藤さんだからこそ違和感なく上手に演じていただけたのだなと思っています。齊藤京子と片山希莉がすごくシンクロして見えた場面でした。

また、監禁中の食事にもじつはこだわりました。希莉が監禁されている間、よく見ると食事はどんどん質素になっています。環菜が殺されるという事件が起きて落ち込んでいく日枝の気持ちを食事内容で表現したので、注目してほしいです。

# 奈緒・希莉のバディがついに復活！
# カフェ「ドミナン」では市原家も久々の集合

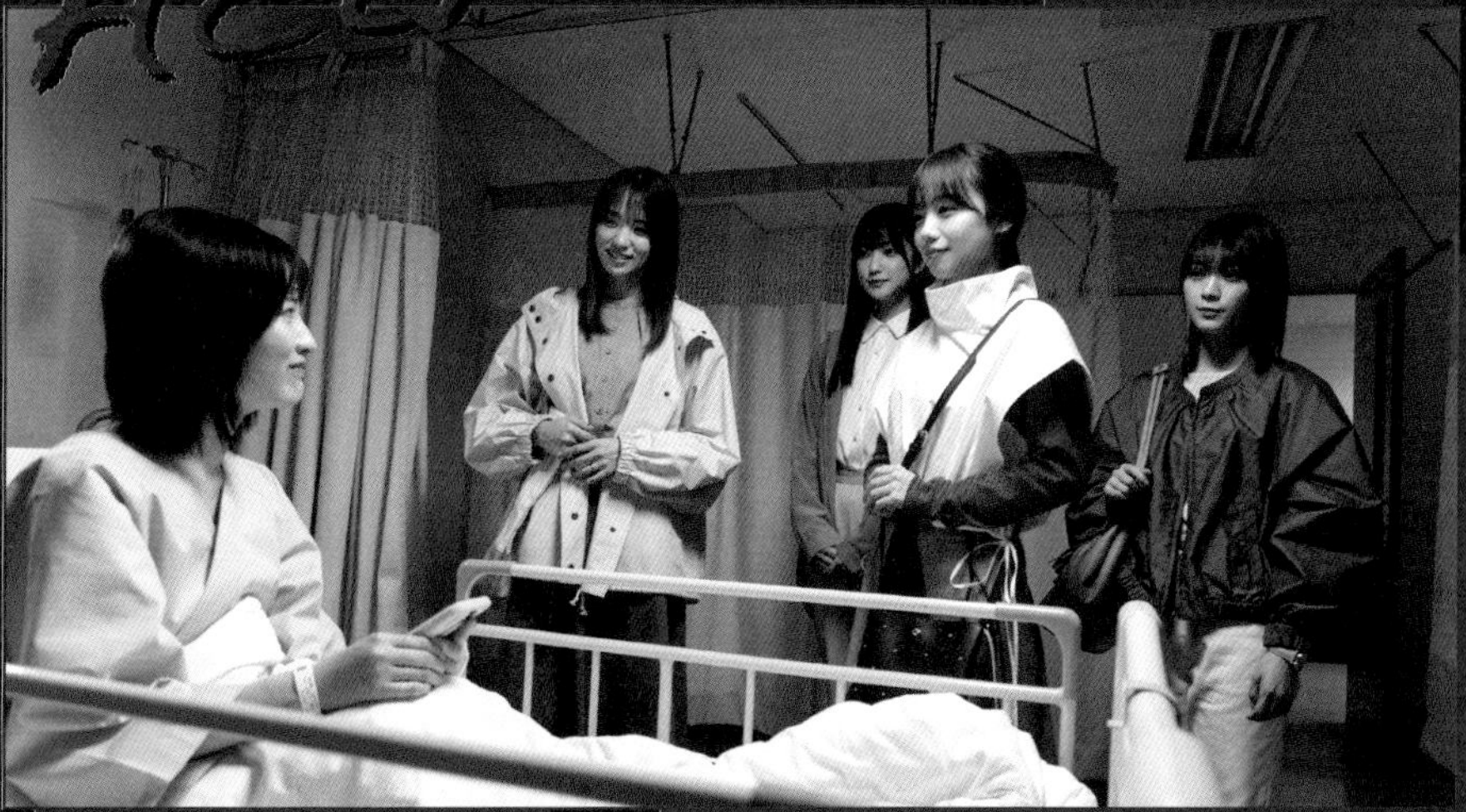

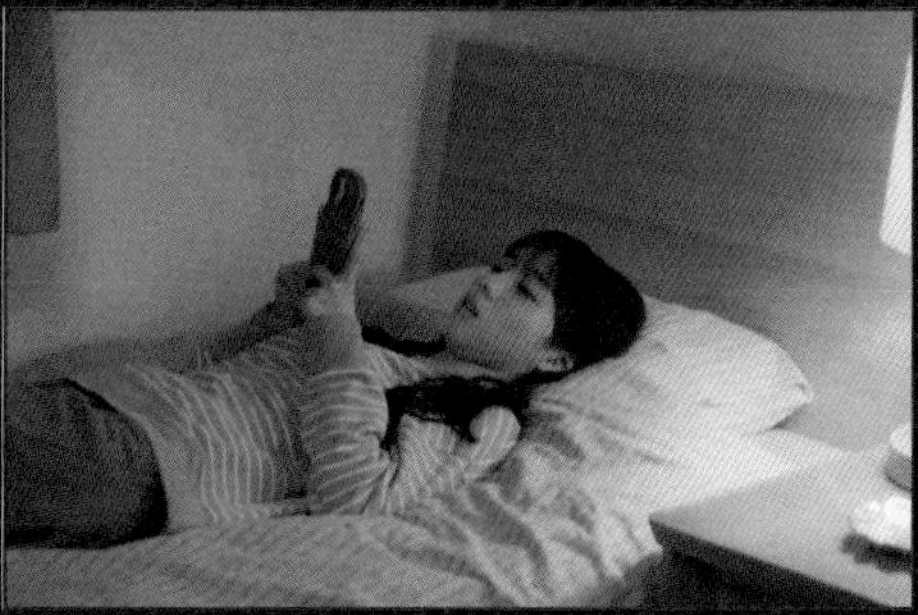

Synopsis

希莉を見つけ、胸をなでおろした奈緒は実家に戻り、久しぶりに家族との平穏な時間を過ごす。一方、環菜を殺した犯人を追いたいと話す希莉。危険な目に遭う可能性がある希莉を止めたいと思う奈緒だったが、一緒に事件の行方を見届けたいという希莉の言葉に後押しされ、事件を追うことを決める。

２人は朋美とともに、雲隠れしている鴻巣の居場所を突き止めて話を聞くが、思ったような収穫はなく終わる。そんな３人の元に現れたのは、週刊誌のカメラマン・飯沼由芽。小説『エスケープ・ビヨンド』の本当の作者が希莉であることを調べ上げていた飯沼は、希莉が環菜を殺した真犯人ではと詰め寄り、それを記事にすると脅してきて……。

演出・頃安祐良が語る！

## 撮影の裏側＆見どころ

### かなり突飛なキャラクター・美樹を演じる林さんの、役を汲み取る力に感心しました

行方不明になっていた希莉が見つかり、少し離れていた奈緒＆希莉の距離が元に戻って事件解決に向かっていくところが第６話の醍醐味。観ていてうれしくなる回ですし、物語としても盛り上がっていくところなので、公園と奈緒の部屋でのツーショット場面は、リハーサルから時間をかけて撮影しました。

一方、病院で安静にしている美樹の元に奈緒たちが集結する場面では、美樹を演じる林瑠奈さんの〝はっちゃけた〟演技が光っていると思います。林さんは、初めてのドラマ出演で緊張されていましたし、ふだんはとても真面目な性格だと思うので、突飛なキャラクターを演じるのは簡単ではなかったと思います。それでも「テンション高い感じで」と役の雰囲気を伝えたら、すごく一生懸命に役を捉えてくださって。病室で４人のメンバーに囲まれて、一人だけハイテンションで長ゼリフを言うシーンも本当に美樹らしさが溢れていたと思います。

# 次々と明らかになる環菜の過去と本当の姿。死んだはずの彼女のSNSが突然更新され……

奈緒と希莉は、事件につながるヒントを求めて、環菜の熱烈なファンである日枝に環菜の周りに気になる人物がいないか尋ねる。じつは同じ地域で育ち、環菜の本名はもちろん、幼いころの様子まで知っている日枝。環菜の過去を聞いていくうちに、事件につながるある衝撃的な事実がわかる。

再び鴻巣の元を訪れる奈緒たち。そこで小説『エスケープ・ビヨンド』の配信を手がけていた出版社の大木征志郎が事件のカギを握っているのではと感じ、急ぎ大木の元を訪れる。真相は知らないと言いながらも、誰かをかばっている様子を見せる大木。そんななか、更新が止まっていた環菜のSNSに新たな投稿があり、事件は急展開する。

演出・頃安祐良が語る！

## 撮影の裏側＆見どころ

### 森田さんと齊藤さんの〝ゲラ〟が発動。撮影の合間も最強のバディでした

第７話は、いよいよ奈緒と希莉のバディが事件の真相に迫っていくクライマックス回。ですが、撮影現場での２人は、非常に和気あいあいとしていました。なかでも印象に残っているのが、希莉が日枝に電話をかけるシーンの撮影。録音された日枝の声を流し、それに合わせる形での演技だったのですが、現場に流れた日枝の電話の声がわりと特徴的で。森田さんと齊藤さんの笑いが止まらないということがありました。お二人は、笑いすぎたことを気にしていましたが、仲のよさというか、役柄同様のコンビのよさをあらためて感じました。

仲のよさといえば、市原家も。宮川一朗太さんと小林さん、早川さんは、現場でも本当の親子のような感じが出ていました。本作は、家族の絆もテーマのひとつですが、琴音・叶音の家族、それから奈緒の家族は、観ていただいた方に「家族っていいな」と思ってもらえるのではないかと思います。

# ついに真犯人に辿り着いた奈緒と希莉。事件の裏側にあった家族の物語とは

奈緒と希莉、朋美は、大木の車に乗って環菜のSNSに投稿されていた場所へ急ぐ。そこには、環菜を殺害した真犯人と目される女が赤いワンピースに身を包み、手に包丁を握りしめて立っていた。環菜を追って自らの命を絶とうとする女。奈緒たちは彼女の気持ちを汲み取り、必死に説得を試みる。すると、自分と環菜の過去を話し始めた女は自分が犯人だと告白する。なぜ、環菜を殺害するに至ってしまったのか。その動機が明らかになる。

事件が解決し、日常を取り戻した奈緒と希莉は、それぞれの家族の元へ向かう。家族とうまく向き合うことができずにいた希莉は、ようやく母親と笑顔で再会。一方、奈緒は心にしまっていた言葉を母親に伝える。

演出・頃安祐良が語る！

## 撮影の裏側＆見どころ

### 物語の最後で放った森田さんのアドリブに、思わず「よしっ！」と心の中で叫びました

物語のラストは、奈緒と母親の森楓のシーンですが、撮影時に大きな仕掛けをしました。じつは、台本では奈緒が警察官を辞めてからの思いを「聞いてくれる？」と楓に尋ねるところで終わっているのですが、本番前に森田さんに内緒で楓役の粟田麗さんに「もちろんだよ……」と返してほしいとお願いして。本番の一回だけ、台本にないセリフを言ってもらいました。ずっと自分の思いを家族に言えなかった奈緒が母親に〝（思いを）もちろん聞くよ〟と言ってもらえたら、奈緒を演じる森田さんは、どう返すのか見てみたいと思ってしまったんです。だから、森田さんの口から「ありがとう」というひと言が出た瞬間、会心の一幕が撮れたなと。作品を通して奈緒が胸に秘めていた思いがあのアドリブのひと言と涙にすべて込められたと。森田さんが森奈緒という女の子に寄り添ってくれたからこそ素晴らしいシーンが生まれました。カットがかかった後、「台本にない演出を入れました」と謝ったら、森田さんは、「テストを入念にしていたので、何か仕掛けてくると思っていました」と笑ってくれました。

Interview

# 宮川一朗太

## 市原静男

みやかわいちろうた　1966年3月25日生まれ　東京都出身　1983年、映画『家族ゲーム』で主演デビュー。ドラマ、映画で活躍する傍ら、2021年には学習＆演劇塾「いち塾」を開校。演技指導をおこない、後進を育てる。"おひさま"（日向坂46のファン）としても有名

## 困難の先にこんな平穏な家庭がある。市原家を見て、そう思ってもらいたい

### 本音では琴音と同じ店で働きたかったな（笑）

――『アクトレス』には、家族の絆というテーマがあると思いますが、劇中での市原家はどんな存在だと思われますか？

今回、希莉の家族が初めて登場するなど、いくつもの家族がドラマ内で描かれましたが、市原家はいちばん明るくて〝平穏な家族〟というポジションだったと思います。だから、事件を追うシリアスなシーンが続くなかで、市原家やカフェ「ドミナン」のシーンは、観ている人がほっと一息つけるところなのかなと。でも、思い返せば『ボーダレス』では、姉妹のすれ違いや葛藤がありましたし、カフェ「ドミナン」は犯人との緊迫したやり取りがあった事件現場になったわけで。そういうところを乗り越えてきた絆があるからこそ、『アクトレス』で描かれる市原家には穏やかな日常があるのだと思います。だから、市原家を観てくれた人が「たとえどんな困難があったとしても、その先にこういう幸せが待っているんだ」という気持ちになってもらえたらいいなと。

――宮川さんご自身にとってはどんな場所ですか？

撮影が始まってカフェ「ドミナン」を訪れたときは、「ただいま」って言いたくなりました。すごく心地いい空間だなと。今作では、娘の琴音は結婚していて、かわいい孫がいるし、都会に出ていった叶音は帰省しているし。久しぶりに家族がそろったときの喜びというのは、まさにこういう感じなんだろうなと。自然にそう思えたので、あえて〝仲よしの家族〟を演じる必要がありませんでした。肩の力を抜いて、純粋に一人の父親としてそこにいられるような場所でした。ただね、なぜか静男は2号店で働いている設定になっていて。「なんでそんなに事業が成功しているんだ」と思いました。本音では、琴音と一緒に働きたかったな（笑）。

――娘たちとも2年ぶりの再会となりました。小林さんは、初の母親役に挑戦されていましたね。

すごくナチュラルにお母さんを演じていて驚きました。いいお母さんになるだろうな、由依ちゃんは。前作は妹のことで悩んでいましたが、今作も琴音は希莉のことで悩んでいて。琴音は、自分の幸せより人の幸せを願う優しい子ですが、由依ちゃんはその悩んでいる表情をとても上手に表現するなと。そこは彼女のお芝居の武器になると思うので、自分の力を信じてこれからも演じ続けてほしいです。

――早川さんはいかがでしたか？　演じている叶音は、前作からかなり成長したキャラクターになっています。

『ボーダレス』のときは、姉の琴音に反発する妹という役どころでしたが、今作では家族思いの優しい妹に成長していて、同じ人物で、その振り幅を見せるのは難しいと思いましたが、役どころをしっかり考えて、繊細なお芝居をする聖来ちゃんだから安心して見ていられました。以前、彼女が出演した舞台『スマホを落としただけなのに』を観に行ったときも、ずいぶんしっかりしたお芝居をしているなと驚いたものです。これからも目標を遠くにおいて、ひたすらどんどん難しい役に挑戦してほしいなと思います。

――ドラマ『アクトレス』の見どころを教えてください。

単なるミステリーではなくて、やはり家族や友達との関わりを描いたドラマというところが面白いと思います。また、出演している彼女たちの成長の物語でもあるのではないかなと。由依ちゃんや聖来ちゃん、森田さんももちろんですが〝おひさま〟だから言わせてもらうと、京子ちゃんはすごく演技がうまくなったなと思いました。ちょっと変わった女子高生だった希莉は小説家として歩み始め、家族との関係に悩み苦しむ大人の女性に成長していましたが、その姿をしっかりと表現されているなと。前作からの期間は約2年でしたが、それ以上の時間があったのかと思うくらいの成長を感じました。出来上がったばかりの映像を見ながら、彼女たちの成長と『ボーダレス』の登場人物の成長が見られる喜びを噛みしめました。このみんなの成長を何年かに一度でいいから、見続けたいなと。「ちょっとコーヒーを飲みに来ました」というだけのシーンでもいいから、奈緒や希莉たちみんなにカフェ「ドミナン」に集まってほしい。誉田（哲也）先生には、ぜひ第3弾もお願いしたいです！

Interview

# 渡辺満里奈

## 片山ユキ

わたなべまりな　1970年11月18日生まれ　東京都出身　1986年におニャン子クラブのメンバーとしてデビュー。テレビ、雑誌などで活躍。ナチュラルなライフスタイルでも注目されている。『ひるおび』(TBS系)、ラジオ『オールナイトニッポンMUSIC10』(ニッポン放送)に出演中

## ユキの本心は、ずっと希莉のことを心配していたんだと思います

――希莉の母親・ユキは、娘に対してかなり冷たい態度でしたが、演じられてみていかがでしたか？

厳しくて、頑なな価値観を持っている母親だなという印象でした。最終話では、琴音に対して〝家族というのは国のようなもの〟〝家族のルールに納得できないなら家族ではない〟といった家族についての考えを語るシーンがありましたが、私にはない価値観だったので、理解するのは正直難しかったです。

――希莉に対してのイメージは？

家庭が複雑だから、そこから飛び出したくなるのは理解できるなと思いました。逆に、片山家のルールを破って出ていった娘のことを、もう家族ではないと言うユキは、ちょっと極端で冷徹ではないかなと。セリフに〝主人は〜〟とあるから、考えの発端はきっと旦那さん。どんな旦那さんなのだろう、どんな夫婦関係なのだろうというところまで想像が膨らんでしまいました（笑）。そして、いろいろな家族の形があるなと。

――「家族なんだから。許してあげても」という琴音の言葉のほうが共感できたと。

そうですね。だから、私自身は、ユキと考え方が正反対だったかもしれません。でも、台本を読み込み、演じているうちに、ユキ自身もそういう頑なな考えだけではないのではと思うようになりました。琴音が電話で希莉のことを知らせてくれたとき、冷たく突き放すような言葉で電話を切りましたが、演じていてもこれが本心なのかなと。本当は家を出ている娘のことを心配しているのではないか。だから、言葉では冷たいことを言いますが、どこかで心配しているような空気感をユキに残しておきたいと思って演じていました。

## 最後の「おかえり」は娘に引き出してもらいました

――物語のラストは、希莉が家に帰ってくるシーンで締めくくられました。

ラストシーンの前、訪ねてきた琴音に、「家族なんだから。許してあげても」と言われたユキは、その言葉についてずっと考えていたと思います。母親として、家族としてどうするのがよいのかと。でも、戸惑いながら家に帰ってきてくれた娘を目の前にして、難しい理屈は抜きに、「おかえり」という言葉が出たのかなと思いました。娘に引き出してもらったひと言だったと思います。

――「ただいま」と言ったときの希莉は、これまで『ボーダレス』でも見せてこなかった満面の笑みでした。

あの瞬間、私自身感情がぐっと高まって、本当に泣きそうでした。玄関先の短いシーンでしたが、ここから片山家の母娘の新しい関係が始まるのかなという希望を最後に見せられてよかったと思いました。

――これから希莉とユキにはどうなってほしいですか？

これまでお互いが心の中にしまっていた気持ちを出し合えたらいいなと思います。ユキは希莉のことを〝変わった子〟と評していましたが、それはあくまで母から見た娘。希莉がどんな思いを抱えて過ごしてきたかを知ると、そうは思わないかもしれません。家族だって、話さなければお互いに何を考えているかわからないですからね。

――実生活でも家族での話し合いは大事にしていますか？

〝言わなくてもわかる〟なんてことはないと思っています。いいことだけじゃなくて、「こういうことで腹が立った」ということもよく話します（笑）。そうしていかないと、お互いに理解を深め合えないですから。〝家族は無条件に存在しているのではない〟とユキが言っていましたが、そのセリフに関しては、確かにそうだなと。

――アイドルの先輩として、坂道メンバーにはどんな印象をお持ちですか？

テレビなどで見ていますが、すごくキラキラしていますね。それに比べて、私たちのころは、ほぼ素人でしたね（笑）。今の子たちは、本物のアイドルだなと感じます。撮影が終わって小林さんと一緒に写真を撮ったり、少しお話しできたので、「忙しい？」と聞いたら、すごくシャイな方なのではっきりとは言われませんでしたが、やっぱり忙しそうだなと。自分もそうでしたからなんとなくわかりますが、そういうときこそ、思い切って息抜きするのが大事だったなと。アイドルの先輩として、大変だなって思うときこそ、友達と遊んだり、趣味を楽しんで気を抜いて、どんどん輝いていってほしいなと思います。

Interview

# 栗田麗

## 森楓

あわたうらら　1974年8月21日生まれ　神奈川県出身　1995年に映画『東京兄妹』で主演し、デビュー。特技はモダンバレエ。映画『スマホを落としただけなのに 囚われの殺人鬼』、ドラマ『私、結婚できないんじゃなくて、しないんです』（TBS系）などに出演

――『ボーダレス』から引き続き、奈緒の母・楓役を演じられましたが、森田さんの印象などに変化はありましたか？

　前作で初めてお会いしたときは、「なんてシャイな女の子なんだろう」と思いました。母娘の役なのに、なかなか距離を縮められなくて。でも、だんだんこれが森家の家族の距離感で、これこそ思春期の女の子がいるリアルな家族を表現できているのかもしれないと思いながら撮影したのを覚えています。それが『アクトレス』の撮影が始まったとき、森田さんがにこやかに「お久しぶりです」と来てくれて。一気に距離が縮まったようでうれしかったし、家族というものにもっと切り込んでいく今作で、また新たな森家を表現できそうだと楽しみになりました。

――今作では、家族に自分の正直な気持ちを伝えられない奈緒の心の変化も丁寧に描かれていますね。

　楓の病気のことがあり、森家の母娘は平静を装いながらもお互い腫れ物にさわるようなぎくしゃくした関係になっていました。でも、本来は奈緒のことがかわいくて仕方ないというのが土台にあると思います。だから、最後に奈緒が自分の気持ちを自ら話し始めるところがあって、よかったなと。

――森田さんと2人のラストシーンでのやり取りはアドリブだったと聞きました。演出の頃安（祐良）さんは、最高の一幕が撮れたとおっしゃっていました。

　私も心の中で「やった！」と。娘に対して切り出す言葉をどうリアルに伝えるか、一発勝負だったので緊張しましたが、すごくいい言葉と表情に繋げられたと思います。

――森田さんは栗田さんから撮影後に「心の通った演技ができてうれしかった」と言われたことがとてもうれしかったとおっしゃっていました。

## ラストシーンでは、森田さんの涙につられて私も自然に泣いていました

　あの瞬間、本当に心が通じたと思いました。森田さんは、気持ちを絞り出すように言葉を発しながら涙を流しましたが、あの涙は、演技というより森田さんご自身の経験や感じたことを〝心の引出し〟からスッと出したものなのではないかなと。そういうリアルな涙は胸を打つというか。画面には映っていませんが、私も気づいたら涙が出ていました。

## 来客にすき焼きというのが日本っぽくていいですよね

――家族のシーンとしては、第6話で希莉と森家が一緒にすき焼きを食べる場面も印象的でした。

　父親役のアキラ（100％）さんがにぎやかな雰囲気を引っ張ってくれました。娘が友達を連れてくるうれしい感じとか、来客をすき焼きでもてなすという日本っぽいところもいいですよね。ただ、出来上がった映像を見ると、すき焼きを取り分ける自分の所作がけっこう雑で。反省しました。

――取り分けた希莉の皿にお肉が入っていないのは、ちょっと気になりました（笑）。

　気づきました!?（笑）　先に奈緒に野菜とお肉をよそったら、希莉ちゃんの分のお肉にまだ火がとおっていなくて。お腹を壊したらマズいと思い、取り分けられませんでした。

――齊藤さんは、「希莉は監禁明けの体だから、食べやすい野菜を取り分ける」というお芝居だとおっしゃっていました。

　とてもいい感じに解釈してくれたのですね。齊藤さんらしい。あのシーンの撮影でも、すごく盛り上げてくださったんです。森家だけだと、待ち時間に誰かがちょっと話して、シーンとなってまたちょっと話してという感じなのですが、齊藤さんが入った途端にワイワイとおしゃべりが続いて。友達が来た日は家族のテンションがいつもとちょっと違うというのも、妙にリアルな家族感があって面白かったです。

――齊藤さんはどんな印象でしたか？

　すき焼きのシーンが初めてだったのですが、すごく肝が据わったリアルなお芝居をされているなと。作品全体を通して、自分のキャラクターをしっかり作り上げて体現されていると感じました。

――琴音役の小林さんは、どうでしたか？

　娘の友達と母という関係をお互いに自然に演じられたと思います。坂道メンバーの方たちはお芝居がうまいと思いましたが、それ以上にそれぞれが高い感受性を持っていらっしゃるのを感じました。将来が楽しみな方々だなと。自分の中身を投影させるというのは、なかなかないお仕事だと思いますし、観ている人に希望を与えられるみなさんだと思いますので、これからもお芝居に携わっていただけるとうれしいです。

Interview

# 上原実矩

## 加藤里英

# 仲のよい姉妹の回想シーンのために乃木坂46の伊藤さんを研究しました

うえはらみく　1998年11月4日生まれ　東京都出身　映画『ミューズは溺れない』(2022年公開)で主演し、「第22回TAMA NEW WAVE」でベスト女優賞を受賞する。映画『ぜんぶ、ボクのせい』『流浪の月』『余命10年』などに出演

## 里英は優しすぎるがゆえに心が壊れて暴走してしまったのかな

——ドラマのキーとなる役で出演が決まったときは、どんなお気持ちでしたか？

初めて挑戦する役柄だったので、私ができることをいろいろ模索しながらやっていこうと思いました。『アクトレス』は「犯人は誰だろう？」と、事件の真相を追っていく物語なので、最初から里英という役が目立ちすぎてもいけないし、そうかといって存在感がなさすぎてもいけないのかなと。監督には、そのあたりをどういうふうに見せていけばよいか、いろいろと相談させていただきました。たとえば、衣装ひとつとっても、目立ちすぎないように黒いものがいいか、でも真っ黒だと目立ちすぎてしまうのではないかと。全体のバランスを見ながら、役が作品に馴染むようにしました。

——里英を演じられて、どんな人物だと感じられましたか？

優しすぎる子という印象です。お姉ちゃん気質であるがゆえ、他人に頼ることができず、何事もすべて背負ってしまい、自分の中だけで完結させているというか。環菜に対しても、本当ならば里英はもっと妹の環菜と一緒に、理想の女優像を築いてほしかったなと思います。でも、気持ちをうまく伝えられず抱え込んでしまい、2人の想いが違う方向に向かっているとわかったときには、もう一人では修正することができず、心が壊れて暴走してしまったのかなと。

——殺害シーンは、恐ろしいほどの迫力がありました。

じつは、最初はもう少しセリフが多い場面でした。でも、里英の行動は衝動的なものだと思ったので、できるだけセリフを減らし、より感情が先走った激情的なシーンに見えるように監督と相談させていただきました。伊藤さんもすごく優しく話を聞いてくれて、本当に助けていただきました。

——仲のよい姉妹を演じる回想部分とのギャップも難しかったのでは？

回想部分の里英と和美のシーンでは、マネージャーと芸能人という関係になったことで不協和音が生じてしまった2人の殺伐とした空気感は出さないようにしていました。撮影の合間に、「ふだんは何をしているんですか？」とか「今日のお昼は何を食べましたか？」とか、たわいのない会話をしていたとき、伊藤さんが見せてくれた素の優しい部分をこの回想シーンで引き出せないかなと。ほかにも伊藤さんが出演されているバラエティ番組を観たり、ライブを観たり、一人のファンのごとく伊藤さんを研究していました。

## 最終話の真相を語る場面は一人の時間を作って備えました

——そのほか、印象に残っているシーンはありますか？

里英という役そのものがそうですが、今作では、本当にさまざまなことにトライさせていただいたと思っています。車を運転するシーンも初めてでしたが、予想以上に難しかったです。最終話での長い独り語りのシーンは、現場で共演者の方々とコミュニケーションをとる余裕すら持てず、一人の時間を作ってもらって備えるほど苦労しました。でもそういうなかで、新しい自分に出会う瞬間やセリフから学びをいただくことが多くて、やっぱり自分がいちばん好きなのはお芝居の世界なんだなと再確認しました。

——共演した伊藤さんら坂道メンバーから影響を受けたことはありますか？

現場でも、みなさんはとても輝いて見えました。いつもアイドルとしてすごくお忙しくされているなかで、お芝居にも真剣に向き合っていらっしゃるのがすごいなと思いました。ふだんのアイドルとしての魅力とは別に、お芝居そのものに力強さを感じました。

——今後はどんな役に挑戦したいですか？

以前は自分自身で「私はこういうものが合っている」「これをするのがベストだ」といった決めつけをしていました。でも、今は、そういうリミッターを外して、ジャンルを問わずさまざまな役や作品に出演してみたいと思っています。これも、『アクトレス』で、現役アイドルとして活躍されている伊藤さんたちと一緒にお芝居をして気づかされたことのひとつです。私も〝これだけ〟と自分で自分を決めつけるのではなく、広く挑戦していこうと。そんなふうに背中を押してもらいました。

Interview

# 矢柴俊博

## 大倉 学

## 探偵事務所の場面を牽引したのは間違いなく朋美役の大園さんです

やしばとしひろ　1971年10月2日生まれ　埼玉県出身　劇団の主宰・俳優・演出家として小劇場で活躍したのち、映像の世界へ。ドラマ『鎌倉殿の13人』（NHK）、『罠の戦争』（フジテレビ系）、配信ドラマ『ガンニバル』（Disney＋）、映画『ハケンアニメ！』『ある男』などに出演

――和田徹探偵事務所は、劇中ではとてもアットホームな場所だと感じました。

　作品全体を通して、スタッフ、俳優の僕ら〝おじさん陣〟が坂道メンバーを支えようという空気感があったような気がします。探偵事務所のシーンの撮影でも、初日の時点で「彼女たちのいいところを引き出すのが僕たちのやることだ」というスピリットが生まれて。所長役の（菅原）大吉さんも絶対に感じていたと思います。それは、彼女たちのためっていうと美談に聞こえますが、そういうことではなくて、よい作品を作るためにいちばん自然な流れでした。

――すごくアドリブが多かったと伺いましたが、それも現場を支えるためのひとつの方法だったということでしょうか。

　そうですね。自分の役をわかりやすく見せるためでもありましたが、場をフッと和ませることで、彼女たちの素の表情が見たいな、という気持ちでした。

――大園さんに向けたアドリブが多かったように思いました。

　たしかに（笑）。彼女をほぐしたいという気持ちはありました。大園さんは、すごく真面目で一生懸命というのが初対面でもわかるような方なんです。初のお芝居で緊張してしまうというのは、ご自身で乗り越えなければならない部分だと思いますが、自分がうまくいかないことで周りに迷惑をかけるかもしれないという不安で硬くなっているのであれば、その部分は緩和してあげたいなと。それに、あの探偵事務所では、大園さんが主役だと思うんです。明るくアクティブで、ちょっと図々しいキャラクターの朋美があの空間を引っ張っているというか。でも、ご本人は真面目な性格ですから、役柄とのギャップを埋めるのはハードルが高かったと思います。ちょっとアドリブで彼女の気持ちをほぐして、楽しく演じられたほうがいいと思いました。そうすれば、朋美に近づきやすくなるかなと。

――アドリブに対する大園さんの反応はいかがでしたか？

　最初は、どうしても僕のほうが年上なので遠慮をさせてしまっていたかもしれませんが、徐々に返してくれるようになりました。こちらが投げたボールを、ハイハイというような感じで受け流したり、思い切り打ち返してきたりして、とても面白かったです。アドリブに慣れてきたころ、大園さんの演技が、セリフを〝ちゃんと言う〟から、セリフとセリフの間に「んー」と言ってみたり、少し間をおいてみたり、自分の言葉として発していると感じるようになりました。そんな姿を見て、役を自分のものにするのが早いと感心しました。

### じつは森田さんはアドリブが大好きなんだと思っています

――森田さんはどんなイメージでしたか？

　彼女の静かで感情を抑えたお芝居は素晴らしいと思いました。探偵事務所で過去を語るシーンは、現場のみんなが見入っていました。もちろん僕も。自分が映っていないところでも、珍しくモニターを覗いていました。すっと涙を流すところなんて、本当に素晴らしいなと。いつかあのお芝居とコミットするような役をやらせてもらえたら楽しいだろうなと思いました。

――森田さんにはアドリブを入れなかったのですか？

　じつは、森田さん自身は、アドリブが大好きなんじゃないかなと思っています。今作はやりづらい役柄だったと思うけど、やりたい気持ちはひしひしと感じていました。森田さんが事務所から外出するタイミングで、パッとひと言を投げかけて、背中が笑っているところを見るのが好きでしたね。こういうこと言うと嬉々としてアドリブをやっていると思われそうですが（笑）。

――第6話では齊藤さんも探偵事務所に乗り込んできました。

　かっ飛んだ希莉の言動で、場の雰囲気をグッと変えなければならないシーンだったので、かなり難しかったと思いますが、見事にクリアされていました。

　大園さんも森田さんも齊藤さんも、若いうちから人前に立って、自分がやりたいことに向かって進んでいること自体がリスペクトですよね。撮影の合間であっても、つらそうな表情は一切見たことがありませんでした。いろいろな活動をして、その場その場で必要なスイッチを押して、感情を込めて、すごい集中力を発揮されているなとびっくりします。つねにものすごいプレッシャーの中にいると思うので、またいつか一緒に楽しくふざけ合う役で笑ってもらいたいですね。

Interview

# 本間日陽

## 飯沼由芽

ほんまひなた　1999年11月10日生まれ　新潟県出身　2015年にNGT48の一期生としてデビュー。ニックネームはひなたん。NGT48の8thシングル『渡り鳥たちに空は見えない』で自身2度目の表題曲センターに選ばれる。ラジオ『ひなたまつり』(BSNラジオ)に出演中

## 物語のスパイスになる お芝居にワクワクしました

——週刊誌のカメラマンという役どころは、難しかったですか?

台本を読んだとき、相手をあおるような口調のセリフが多くて、自分とはかけ離れた役だなという印象を受けました。だから、すぐには演じている自分を想像できなくて。そんなときに、ちょうどハマっていたドラマ『最愛』で、田中みな実さんがノンフィクションライターの役をされていたのですが、ふだんバラエティ番組などで見る姿とは、ドラマの役の印象がまったく違っていて驚かされました。それがすごく心に残って本当にいいなと思ったので、参考にさせていただこうと。

——どんなお芝居を意識しましたか?

話し方と声のトーンはとくに意識しました。出演させていただいたのは、物語がクライマックスに向けてどんどん動きだしていくきっかけになるシーンだと思ったので、観ている方にドキドキ感を与えられるような演技をしたいなと。声のトーンをかなり落として、キャッチした情報をズバズバと突き付けていくような口調を心がけました。週刊誌のカメラマンとして、希莉を負かすような勢いと「暴いてやるぞ」という気持ちで(笑)。ただ、じつは撮影の少し前まで舞台に出演していたこともあり、感情が入ると自然と声が大きくなりそうで。なるべくそうならないように、いかに淡々と希莉たちに詰め寄れるかということを念頭に置いて演じました。あとは、カメラマン役ということで、撮影前に機材をお借りして、ブレない撮り方などを教えてもらいました。

——演じ切ったあとは、どうでしたか?

すごく楽しかった、というのは変かもしれませんが、自分のセリフひとつで登場人物たちや場の空気がピリピリしていく感覚がよかったです。物語のスパイスになれるような役だと思う反面、重要なポジションだというプレッシャーもありましたが、演じるのは、とてもワクワクしました。

——初共演となった坂道メンバーはどんな印象でしたか?

齊藤さん、森田さん、大園さんと同じシーンに出演させていただきましたが、みなさんにお会いするのは初めてだったので、緊張しました。初対面なのに「嫌なヤツだな」と思わせなければならない役柄ですし、シリアスなシーンなので現場にも緊張感があって。少し不安になりましたが、実際にお会いしたらみなさんすごく優しくて素敵な方で、共演できたことがすごく幸せでした。『ボーダレス』を観て、森田さんはすごく存在感がある方だなと思っていたのですが、実際にお会いしたら、思っていたよりずっと華奢だということにも驚きました。この体であの存在感はすごいなと。かなりキュンとしました。あと、齊藤さんにお礼をお伝えしたくて。２０２２年、舞台『サザエさん』でワカメ役をやらせていただいたのですが、その初演のワカメ役が齊藤さんで、私が出演した回を観に来てくださったんです。そのときはコロナ禍でご挨拶ができなかったので、お会いする機会があったら、絶対に舞台のお話をしたいと思っていて。それが早いうちに叶ってうれしかったです。撮影後に〝Wワカメ〟でツーショットを撮らせていただいて、サザエさんを演じられた藤原紀香さんにご連絡したら、すごく喜んでくださいました!

——3つの坂道グループからメンバーが集まって作るドラマということで、ほかの作品とは何か違いを感じることはありましたか?

みなさん、コンサートやほかのお仕事があってお忙しいと思いますが、そのなかでも、『アクトレス』と真摯に向き合っていらっしゃって。同じアイドルとしてその姿勢には学ぶものがありました。そうやって前作からみなさんが作り上げてこられた作品に参加させていただくので、少しでもプラスになれるように必死に食らいついてがんばりたいなと思いました。NGT48も２０２２年12月に新潟民放4局合同ドラマでメンバーが主要キャストを務めさせていただきましたが、ふだん一緒に活動しているメンバーが誰かを演じているという感覚がすごく面白くて。それに、アイドルがキャストを務めるドラマでは、メンバーの新たな一面や新しい表現が役を通して見られるのも好きです。『アクトレス』も、坂道グループのメンバーのみなさんのふだんとは違う一面が見られるところが作品のよさのひとつかなと思います。私もまたNGT48のみんなと一緒にドラマ出演ができたらいいなと強く思いました。

## 希莉を負かすような勢いと「暴いてやるぞ」という気持ちで演じました

Interview

ドラマ『アクトレス』演出

# 頃安祐良

ころやすゆうすけ　1984年12月24日生まれ　岡山県出身　日本大学芸術学部放送学科卒業。『あの娘、早くババアになればいいのに』『ナポレオンと私』など映画制作ほか、ドラマ『古書堂ものがたり』『Re：Mind』『東京BTH〜TOKYO BLOOD TYPE HOUSE〜』などにも携わる。また、乃木坂46、日向坂46などのMVも手がける

## 家族の絆を丁寧に描きたいと思いました

――『アクトレス』をドラマ化するにあたり、意識されたことは何ですか？

原作を読ませていただいてまず感じたのは、これは明確に家族の絆をテーマにした物語なんだなということです。もちろん、秀逸なミステリーなので、ドラマ化するにあたって犯人を追うドキドキ感も大切にしたいと思いましたが、中心はそこだけに置きたくないなと。殺人事件を軸にストーリーを展開しつつ、背景にある家族や友達の絆を丁寧に描きたいと思いました。

――『ボーダレス』の続編ということは意識されましたか？

もちろん、意識はしました。とくに登場人物については、気を使いました。

――それは、どんなところですか？

5年後の物語ということで、人物の成長を大事にしました。とくに希莉というキャラクターは、『ボーダレス』のときよりぐっと大人になっているなと。法医学などの本を読むのが好きなちょっと突飛な女子高生だったのが、上京して劇団を主宰し、着実に夢に向かって歩んでいました。そのあたりは、希莉を演じた齊藤（京子）さんもすごく考えてくれていて。前作とは少し印象が変わった希莉を違和感なく表現していたのには、すごいと感じました。それは奈緒役の森田（ひかる）さんも同じで。奈緒の5年という時間のなかで生じた変化を演技に反映されているなと。撮影期間中、森田さんとは演技について納得するまでよく話をしました。ときには「奈緒なら、こう言うのではないですか？」と意見をもらうこともあって、実際に提案してもらったセリフに変更したシーンもあります。本当に奈緒というキャラクターと深く向き合ってくれているんだなと思いました。また『ボーダレス』で深く信じ合える名コンビになった奈緒と希莉が、今作では微妙な関係性になっているところから始まるわけですが、第1話で奈緒が希莉に言いたいことを言えずにいるときの表情などは、画面に映っていない間に2人の関係がどう変化していたのかがわかる演技だったと思います。

――そんな2人が再びバディとなって事件を追っていくところも物語のハイライトだと感じました。

奈緒と希莉の〝バディ感〟も前作から引き継いで大切にしたいと思ったことのひとつです。

――どうやって奈緒と希莉のバディ感を表現されましたか？

衣装も大事にしました。『ボーダレス』では、2人が同じ高校で同じ制服だったので、それだけでバディ感が出ていたように思いますが、今回も見た目に奈緒と希莉が一対になるようにと。〝静〟のイメージがある奈緒は青色、〝動〟のイメージがある希莉は赤色を基調にして衣装を選びました。この色使いは、作品全体にも取り入れていて、奈緒が抱えている不安や寂しさなどを表現すべく、映像自体のトーンを青くし、劇中の小道具なども青系のものを多く選びました。一方で、希莉が追っている事件に関わるもの、鉄塔や環菜が持っているカバン、日枝の車などは赤色になっています。希莉の私服に関しては、齊藤さんから「希莉はこういう服のほうがいいと思います」と具体的な意見をもらって取り入れています。

――たしかに、映像全体が青みがかった抑えめのトーンで、とても印象的でした。

じつは、僕の好きな韓国映画で、ポン・ジュノ監督の『母なる証明』という作品から着想を得ました。殺人容疑をかけられた息子の無実を証明しようと奮闘する母親を描いた物語なのですが、殺人事件の真相を追うことを主軸としながらも家族の絆を描いているという点が『アクトレス』と似ていると感じて。『母なる証明』にも使われていた青みのある明るさを抑えたトーンの映像にしました。

## 彼女たちの内から出てくるものが見たかった

――乃木坂46、櫻坂46、日向坂46の坂道メンバー7人がグループの垣根を越えて共演するドラマということで、ふだんのドラマ撮影とは違う部分はありましたか？

お芝居を楽しんでもらいたいという思いがベースにありました。そのためにも、坂道メンバーのみなさんには、どう演じたいかを自分で考えて表現することを大切にしてもらいたいなと。僕はそれをサポートしていきますということを最初に伝えました。「こういうふうに演じてください」と言うことは簡単かもしれませんが、なるべくそれはしたくなかったし、正直、彼女たちからどんなものが出てくるのか、期待する気持ちが大きかったです。

――お芝居が初挑戦のメンバーもいらっしゃいましたね。

そうですね。初挑戦となる大園（玲）さんと林（瑠奈）さんには、「お芝居の感情表現は一人でやるものではなくて、相手が助けてくれるものです」といった、お芝居の基本となるようなお話はいくつかさせていただきました。

――どんな反応でしたか？

お二人ともすごく真剣に聞いてくれました。ただじつは、大園さんにその話をしたタイミングが、森田さんとお二人での衣装合わせのときだったんです。そこでお二人に「たとえば『やめたら？』と言う相手に『やめたくない』と返すことを繰り返していると、自然に感情が高ぶってきます。つまり、自分だけで感情を生み出そうと思わなくても、相手との真剣なやり取りのなかで感情は生まれてくるものなんです」という話をさせていただいたら、実際にやってみようかという流れになって。大園さんが、「やめたら？」というセリフを言って、森田さんが「やめたくない」と返すことを何度も繰り返しているうちに、突然、森田さんがボロボロと涙を流し始めたんです。

――森田さんは感情が入ったのですね。

それまで森田さんにはクールなイメージを持っていたのですが、きっと表現をすることが大好きな方で、お芝居に対しても内に秘めたものがあるんだなと思いました。お二人には、私から「お芝居はダンスに似ていると思います」と伝えました。ダンスは、振付をしっかりと覚えないと踊れませんが、お芝居もまずはセリフを覚えないことには始まらない。そして、練習をすればするほど自分に返ってきて楽しくなるのは、ダンスもお芝居も同じだと思う、と。

## 撮影の合間の仲のよさは役柄の雰囲気そのもの

――撮影以外のところでもよいチームワークが育まれていたのですね。

大園さんと森田さんは同じグループということもあって、撮影の合間もすごく楽しそうに話していました。大園さんが緊張しているときも、森田さんと話して少し和んだのではないかなと思います。そのあたりは、同じグループならではの絆なのかなと。また、『ボーダレス』から姉妹役を演じていた小林（由依）さんと早川（聖来）さんも本当の姉妹なのではと思うような安定した空気感で。小林さんと娘の奏役の秋山加奈ちゃんと早川さんが3人で遊ぶ姿は本当に微笑ましかったです。森田さんと齊藤さんも、現場で同時にゲラが発動したりして、撮影以外でもバディだなと思いましたし、それが奈緒と希莉の雰囲気を作っていたように思います。

――ほかに、そういった印象を感じたシーンはありますか？

森田さん、齊藤さん、小林さん、大園さん、林さんの5人が集結した第6話の病室のシーンも現場がとても温かい雰囲気で、林さんも美樹のテンションが高いお芝居をスムーズに演じることができたのではないかと思います。また、それがドラマの中でとてもいいスパイスになっています。

――撮影現場にもたくさんの絆があったのですね。冒頭で、『アクトレス』では「家族や友達の絆を描きたい」とおっしゃっていましたが、劇中では物語の核となる絆をどのように演出されたのでしょうか。

事件のシリアスなシーンが続くなかで同時に描かれる奈緒や琴音の家族とのシーン、奈緒と朋美が働く探偵事務所でのシーンは、観る人に「家族って温かいな」と、ほっこりした気持ちになってもらえたらいいなという思いを込めました。一方で、希莉と母親のユキとの関係は独特で、原作を読ませていただいたときからとても興味深いと思っていたので、より丁寧に描きました。第8話のユキの「家族は無条件に成り立ってるんじゃないんです」というセリフどおり、希莉の家は〝家族だから優しくしなければいけない〟が当たり前ではない家庭でしたが、母娘の間に愛情がないとは思えなくて。物語の最後にユキが希莉を家に招き入れるシーンは、複雑な思いを抱えた2人が少し素直になって雪解けを迎える瞬間を描きたいと思いました。それを齊藤さんとユキ役の渡辺（満里奈）さんが絶妙の笑顔で表現してくださったと思っています。

## 役に真摯に向き合う7人のこれからが楽しみです

――環菜役の伊藤（理々杏）さんは、事件の渦中にいる悲劇の人気女優という役どころでした。

希莉たちと反発し合う役柄ということもあって、現場でも齊藤さんや森田さんとは意識的に一緒に過ごす時間を作っていないように感じました。そういう部分でもすごく環菜という役に全身全霊で取り組んでもらったなと。

――殺害されるシーンは息をのむほどの緊迫感がありましたね。

大量の血のりを使うため、撮り直しができない一発勝負の撮影。どんな環菜を持って伊藤さんが現場に来てくれるのか、じつはとても楽しみでした。結果、里英を睨みつける表情や言葉が、本当に期待を超えるほどのいいもので。すごく考えて臨んでくれたのだろうと感心しました。

――そんな場面でも演技指導的なものはなかったのですか？

先ほども言いましたが、基本的にはみなさんがどう表現したいかを大切にしていたので。第8話までの間に、みなさんそれぞれが役への理解を深め、役者としても成長していく姿が見られることも本作の醍醐味になっていると感じます。表現することが大好きで、役に真摯に向き合う彼女たちだから、これからもお芝居を楽しんでどんどん成長していくのだろうなと。一人のファンとしても彼女たちの今後が楽しみです。

Koroyasu Yusuke

## 森田さんは演じながら奈緒を応援していたと思う

――ここからは、坂道メンバー7人を1人ずつ深掘りしていただきたいと思います。まずは、森田さんから。

「そういう芝居を見せてくれるのか」という驚きをたくさん見せてくれたのが森田さんでした。奈緒は、物語の前半では、自分の気持ちを胸にしまって口に出せないことが多いのですが、後半に向かっていくにつれて、どんどん自分の感情を出していくという役どころでした。森田さんは、それをすごく楽しんで演じているように見えました。ご本人としては無意識なのかもしれませんが、役を演じながら、奈緒のことをすごく応援していて、物語の中で成長していく彼女に喜びを感じてくれたのかなと。ラストで母親に「ありがとう」とアドリブで言うシーンには、前作から奈緒に寄り添い続けてきた森田さんの思いがすべて詰まっていると感じました。

## 齊藤さんと希莉が前作より近づいて見えました

――そんな奈緒とバディを組む希莉役の齊藤さんはどうでしたか？

環菜との言い合いのシーンは迫力がありましたね。焼肉店と「オフィス・デライト」で、環菜に怒りをあらわにして対峙するという場面がありましたが、そのいずれも思い切りよく気持ちを爆発させてくれました。齊藤さんは、感情を表に出す〝動〟のお芝居が上手なので、より希莉というキャラクターの個性が生きたと思います。あと、ふだんからバラエティ番組などで少しトリッキーな発言をする齊藤さんのパーソナリティも希莉といい感じにリンクしているかと。前作よりぐっと齊藤さんと希莉が近づいているように見えました。

## 大園さんの成長速度には感心しきりでした

――大園さんはお芝居に初挑戦でした。演技はどうでしたか？

どんどん上手になっていくお芝居を見るのが楽しかったです。最初は本当に緊張していましたが、徐々に「こういうふうに演じてみたいです」という意見や「もっとテンションを上げたほうがいいですか？」という疑問をどんどん投げかけてくれるようになって。積極的に演技を楽しんでくれているのが伝わってきました。撮影を重ねるたびに役を自分の中に取り込んでいって、すごく頼れるお姉ちゃん感が出たなと。演技ののみ込みが早いと感心しました。

## 林さんは自然体の演技がすごくいいと思いました

――林さんも初めてのお芝居でした。

美樹は、物語の中ではいちばん元気でかわいらしい後輩キャラ。どこにでもいそうな女の子をナチュラルに演じてくれました。本当にお芝居が初めてなのかと思うくらい。ポー子など劇団員と話をするシーンでも、「こういう子、いそうだな」と思わせる雰囲気が出ていました。記憶喪失になる設定など、初めての役としては難役だったと思いますが、見事でした。

## 小林さんは役でも現実でも周りを大切にする人

――琴音役の小林さんも前作から続いてのご出演ですね。

いちばん安定した演技を見せてくれました。琴音は、結婚して家族ができているという設定でしたが、お母さん役も違和感なく演じてくれていたなと。お母さんとしても優しく、友人としては希莉をすごく心配するような、周りを大切にする役どころでしたが、撮影現場で小林さんを見ていると、ご自身もそういう方なんだろうなと感じました。市原家が集うシーンの撮影の合間も、宮川（一朗太）さんや早川さんと仲よく談笑されていて、現場の雰囲気を明るくしてくれました。一方で、希莉の母親と相対するシーンでは、大先輩の渡辺さんと一対一の演技にもかかわらず堂々としていて。揺るぎない迫力ある姿が魅力的でした。

## もっと早川さんが演じる叶音を見たかったです

――妹の叶音役の早川さんは、いかがでしたか？

出演シーンが少なめだったなと、申し訳なく思っています。早川さんは『ボーダレス』では、琴音に反発するクールな妹を演じていましたが、今作では、姉を慰めて温かく支えるという真逆の役どころ。その変化を見事に演じ切ってくれました。出演している場面は少ないのですが、とても印象に残るお芝居をしてくれたので、もっと叶音の出演シーンを増やしたかったという心残りもあります。せめて、もう1エピソードくらい出ていただきたかったなと思っています。

## 伊藤さんだから環菜という嫌われ役が演じられた

――最後に、環菜という物語のキーとなる人物を演じた伊藤さんの印象を。

伊藤さんに環菜を演じてもらって本当によかったと思っています。お芝居に対して真面目で、役についてすごく考えているということは、撮影当初から感じていました。環菜というキャラクターは、どちらかというと〝嫌われ役〟。伊藤さんはそれを十分にわかって、嫌われるためにはどうすればいいか、やるべきことを自分の中で咀嚼して演じ切っていました。希莉と言い合いになるシーンでは、納得がいくまでやり直したいと言うなど、すごくプロ意識が高いと思いました。ドラマを観てくれた人が「真瀬環菜、本当に嫌な感じ」と思ってくれたら、伊藤さんご自身もうれしいのではないかなと思います。

Koroyasu Yusuke

Special Talk

# 作家 誉田哲也 × 脚本家 井上テテ

ほんだてつや　1969年生まれ　東京都出身
学習院大学卒。2006年刊行の『ストロベリーナイト』に始まる〈姫川玲子シリーズ〉は現在の警察小説ムーブメントを代表する作品のひとつとして多くの読者を獲得し、映像化も話題になった。近著に『背中の蜘蛛』『もう、聞こえない』『フェイクフィクション』『妖の絆』など

いのうえてて　1978年生まれ　千葉県出身
演出家、脚本家で劇団マカリスター主宰。同劇団では、脚本・演出・出演を担当している。映画『イニシエーション・ラブ』『顔だけ先生』『あせとせっけん』、舞台『精霊の守り人』などの脚本を担当。鈴木絢音が主演した舞台『六番目の小夜子』では演出を担当した

## 〝家族〟をテーマにして物語が繋がっていった

――『アクトレス』は『ボーダレス』の登場人物が出てくる続編として書かれていますが、最初からこのような形で書こうと思われたのですか？　どのような経緯で本作が誕生したのか教えてください。

**誉田**　『ボーダレス』がドラマ化され反響もよく、「続編はできませんか？」と声をかけていただいたのがきっかけでした。とはいえ続編といっても形はいろいろあって……。『ボーダレス』のように、坂道のメンバーで構成された3ペアとミステリーの軸となる物語が同時進行していき、全部で4つの物語が最後はひとつに繋がっていくという構成を踏襲する形もありますし、『ボーダレス』に出てくる人たちの後日談としての続編という形も考えられました。そこで話し合い、〝奈緒・希莉〟をはじめとした登場人物のファンの方もいるので、後日談を書こうと決まりました。とはいっても、まずは小説として成立させることが大事で。僕はドラマ化しやすいように書くような器用なことはできないので、出来上がった作品をクリエイターの方にお任せしてドラマ化していただきました。

**井上**　活字と映像は描き方が違いますから。小説では環菜と里英の関係性も最初からわかっていますが、ドラマではそこを謎のひとつとして残しています。

**誉田**　どこでどう明かすのか、それもすごく重要なんですよ。今回も「3坂道」のメンバーが出演するドラマなので、グループに対して理解があり、僕の作品のことを汲んでくれる方が必要となり、以前から知り合いだった井上さんをお誘いしました。

**井上**　僕は念願の誉田さんとのお仕事で。一度お仕事ができればと思っていたのでうれしかったです。坂道グループのメンバーとは、乃木坂46を卒業されましたが、鈴木絢音さんの舞台の演出をしたこともあって……。演技に対するモチベーションが高い方が多いことも知っていました。

**誉田**　そういえば、最近、齊藤京子さんが映画『イニシエーション・ラブ』を好きと言っていたのを耳にしたんですが、あの脚本を書いたのが井上さんって知っているのかな？　勝手に縁を感じていました（笑）。そして実際に出来上がったドラマを見せてもらって、井上さんにお任せしてよかったとあらためて思いました。

――映像化された『アクトレス』は、『ボーダレス』より人間ドラマとしての要素が強くなっていた気がします。

**誉田**　前作と比べてトーンを少し変えています。舞台が田舎から都会に変わったということもありますが、物語もよりキャラクターにフォーカスしています。

**井上**　『ボーダレス』はミステリーがメインでしたが、今回は登場人物の〝家族〟に注目した形ですね。これは原作よりドラマのほうが顕著なのですが……。どうしても30分で全8話となると分量があるので、原作を膨らまさなければならない部分が出てくるんですよ。そこで、〝家族〟について描かれていた部分が多かったので、ドラマではよりそこを広げていこうと決めました。

Honda Tetsuya × Inoue Tete

# 〝奈緒・希莉〟には等分に役を担ってもらいました（誉田）

そうした理由のひとつに、僕らにはサスペンスやミステリーの部分を膨らませて、オリジナル要素をプラスすることが難しいということがあります。絶対に誉田さんにはかなわないし、世界観を壊しかねない。なので、極力サスペンス要素は変えず、原作にあった人間ドラマの要素を膨らませつつ、〝家族〟をテーマにした物語にしました。

――『ボーダレス』の5年後が舞台の本作。奈緒ら登場人物たちの成長が描かれました。

**誉田**　まず悩んだのが奈緒についてでした。まさか続編を書くとは思っていなかったので、『ボーダレス』のラストで警察官としての道を歩ませていたんです。でも、地元で警察官になっていると舞台を動かすことが難しくて、ドラマが作りにくくなってしまうんです。物語が動かないというか。だから本意ではないけれど、奈緒を転職させようと決めました。ドラマなどで警察のパートを監修してくださっている方に、警察を辞めた後は民間の調査機関に勤める方もいるという話を聞いていたので、そうすればいいじゃないか！　ということになって。ただ、こうなってくると、「なぜ警察官を辞めたの？」という話になってくる。奈緒というキャラクターもありますが、それなりの理由がないと成立しないですから。そのとき、ドラマ『ボーダレス』で登場していた奈緒の両親が頭に浮かびました。ここと引っかければ、今回のテーマでもある〝家族〟にも繋がっていく……と。そうやって物語を作っていきました。

**井上**　『ボーダレス』で家族について描かれていたのは琴音をはじめとした市原家くらいでしたよね。

**誉田**　そうなると希莉はどうなるんだろう、もしかして事件にも〝家族〟が関係してくるのでは……と発展していきました。こうやって考えるとタイトルは『アクトレス』でないほうがいい気もしますが（笑）。

**井上**　『ファミリー』のほうがしっくりきますね（笑）。

**誉田**　でも〝レス〟を使いたかったんです。

**井上**　僕は原作を読んだとき、希莉が「今の自分は、自分の物語の中で、どんなタイプの主人公になっているのだろう」と考えていたのが印象的だったので、『アクトレス』というタイトルに違和感はなかったです。ただ、今になって考えると、そういった希莉の考えもスパイスとしてドラマのセリフ部分に入れておけばよかったです。

## ダンスなどで会得した表現力がドラマでも光った

――奈緒、希莉、琴音、叶音といったキャラクターは前作から続投しました。みんなそれぞれの成長が見られましたね。

**誉田**　いちばん変化があったのは琴音です。女の子からお母さんになり、考え方も気持ちの伝え方や意志の固さも変わりました。でもこれはお母さんになったら起きてもおかしくない変化で。母親は、警察官や医師と同じように、人の命を預かる職業でもあるんですよ。そんな責任感が必要となる母親になったことで琴音は以前よりももっといろんな人と関わっていくタイプになった気がします。これがまた数年経ち、2人目の子どもを産んだらまた違う琴音になっていくのかもしれない……。琴音の今後はすごく楽しみです。

――小林由依さんが演じた琴音をご覧になっていかがでしたか？

**誉田**　これは褒め言葉になるかわからないですが、僕は琴音を演じている小林さんがいちばん好きなんですよ。それを今回も見られたのがうれしかったです。

**井上**　今回だと、第7話で希莉の母親（渡辺満里奈）と対峙しているシーンが好きで。なかでも、「いいじゃないですか、家族なんだから。許してあげても」と訴える琴音のセリフは、とても印象に残っています。希莉のお母さんはとてもロジカルで一本筋が通っているのですが、あのままでは終わらせたくなく。原作には原作なりの帰結がありますが、ドラマとしてはどうしてもあのシーンで終わらないといけないので、回収したいと考えました。僕は独身なので母親の気持ちなんてわからないですが、わからないなりの言葉を入れるしかない！　と、あのセリフを入れました。今回、いろんな方があの言葉がいいと言ってくれてありがたいです。

――森田ひかるさん演じる奈緒はいかがでしたか？

**誉田**　『ボーダレス』のときは彼女自身が複雑な状況にいるわけではなかったのですが、今回は立場が変わって。「親とは」「仕事とは」「社会人とは」など、いろいろ考えて答えを出していく姿を、森田さんなりに器用に表現してくれた気がします。

**井上**　第8話の涙のシーンはめちゃくちゃよかったです。森田さんは、上っ面でお芝居をしようとしている感じがないのが素晴らしいです。そして常に初々しさを感じさせるのも森田さんならではだと思います。

――齊藤京子さん演じる希莉については？

**誉田**　希莉は『ボーダレス』で齊藤さんが演じたときから、齊藤さんの希莉になっているんですよ。齊藤京子が演じる片山希莉というキャラクターが強烈すぎて、もう唯一無二の存在になっている。それは、奈緒みたいな等身大の女の子と絡むことで、さらに魅力が増すという不思議な特性を持っていて……。

**井上**　そう考えると〝奈緒・希莉〟というコンビは本当にバランスがいいですよね。

**誉田**　だからこそ今回は2人に離れてもらいました。一緒にやるほうが絶対に楽しいと思いますが、それぞれが柱になってほしかったというか。等分に役を担ってもらうことを考えました。そのぶん、後半で〝奈緒・希莉〟が合流してからはより楽しく、

## 登場人物の〝家族〟に注目した物語にしました（井上）

面白さも2倍になっていると思います。

**井上**　齊藤さんの演技は本当に不思議ですよね。こう言うと偉そうですが、できているところはできているし、もう少しこうしたほうがいいのでは？　と思う部分もあるんですが、トータルで不思議とできているんですよ。セリフもどこまで感情を入れているのかわからないし……。とらえどころがないのが魅力なんだと思っています。

**誉田**　バラエティ番組を見ていると、リアクションで想定外の感性を発揮することが多くて。もしかしたら脚本を読んでいるときも、感じ取ることが普通とは違っているのかもと思っていて……。なんか彼女の中の方程式があって、それがみんなとはちょっと違っている気がします。

**井上**　それは感じますね。その他人と違う不思議な感じが希莉にいい感じで出ている。だから魅力的なんだと思います。

——早川聖来さんが演じた叶音は出番は少なかったですが、彼女らしさが出ていました。

**井上**　もっと出てもらいたかったですね。

**誉田**　じつは叶音も物語に絡ませるのがすごく難しくて……。『ボーダレス』の早川さんがとてもよかったのでお願いしたいと思いましたが、叶音は東京に行っている設定だったので登場させづらかったんです。でも、どうしても出したいという執念から、叶音には骨折をしてもらいました（笑）。本当は『ボーダレス』で圭を演じた濱岸ひよりさんにも出てもらいたかったのですが、それこそ難しくて……。叶音のほうはなんとか辻褄が合って。とくに琴音の娘・奏（秋山加奈）とのシーンは好きでした。

**井上**　自然でしたよね。あと叶音の成長にも驚いて（笑）。めちゃくちゃいい子になっていました。

——『ボーダレス』に出ていて今回登場していないといえば、芭留を演じた渡邉理佐さん。原作には芭留がいるだけに、どうなる？　と話題を呼んでいました。

**誉田**　期待してくれたファンの方もいらっしゃったと思いますが、渡邉理佐さんはご卒業されて。やはり坂道のドラマなので今回は……ということになりました。そこで、原作での芭留の位置に新キャラクターを入れようという話になり……。

**井上**　一緒にどういうキャラクターがいいか考えて生まれたのが朋美です。これが違和感ないんですよ。

**誉田**　原作者という立場からすると、任せておいたらいつの間にか現われた子というより、書き加えて登場させた形に近いです。だから違和感がないんだと思います。

——そんな朋美を演技初挑戦の大園玲さんが演じました。

**誉田**　大園さんはどちらかというと真面目な雰囲気なので、奈緒のことを気にかける役がいいんじゃないか……となり、決まった感じです。奈緒の過去を知り、何かしたくなる面倒見のいいキャラクター。お姉ちゃんみたいな感じもピッタリでした。

**井上**　もう当て書きに近かったです。ドラマではすっとぼけたキャラクターになっていましたが、らしさが出ていた気がします。

**誉田**　初めての演技なのに朋美のよさが出ていましたね。

**井上**　大園さんだけではないのですが、みなさん気持ちを入れてダンスをするので繊細な気持ちを表現するのは上手なんだと思います。ただテンションを上げたりすることには慣れていない部分も多いみたいで……。お芝居に慣れてくると、素晴らしい俳優になるのではと思いました。あとは経験だと思います。

——美樹を演じた林瑠奈さんも演技初挑戦。

**井上**　林さんは面白いですよね。

**誉田**　すごくきれいな方なので、最初は「この子が美樹を演じるんだ」と驚きましたが、かわいくて後輩感があり、どこか小動物的でピッタリでした。希莉とのアパートでのシーンも雰囲気がありよかったです。

**井上**　美樹というキャラクターはこの作品の中でも、何をするのかわからない、引っかき回すような役割の女の子で。ただ、希莉と一緒にいるシーンや2人の関係性が出てくる部分では、きちんと感情を引き出したいと考えました。ふざけながらも後輩らしい、かわいいキャラクターになったと思います。

——強烈なインパクトを残した、真瀬環菜を演じた伊藤理々杏さんはいかがですか？

**井上**　伊藤さんは舞台に出ているのを見たことがあるので、環菜という役を安心して任せました。すごく合っているというか……。ラストシーンの笑顔もすごくよかったです。

**誉田**　環菜ってイヤな女なんで、最初、坂道グループの人でなくていいと思ったんですよ。書いておいてなんですが、ちょっと印象が悪すぎるというか（笑）。でも振り切って演じてくれて。ありがたかったです。

**井上**　存在感は抜群でした。じつは最初、環菜をどのタイミングで殺すか会議をしたんですよ。第1話だと面白いけど、もっと出したほうがいいのでは？　という意見もあって……。でもあらためて作品を通して見て、第1話で死んでくれてすごく面白くなったと思います。いい引っ張りを作ってくれたことに感謝です。

——みなさんの演技も光っていましたが、あらためてドラマ『アクトレス』の見どころを教えてください。

**誉田**　事件の謎解きなどはもちろん楽しんでいただきたいですが、それとは別に〝家族〟がテーマのひとつになっているドラマです。それは本当の家族でもあるし、仕事上での〝ファミリー〟でもあります。いろんなシーンに見え隠れする〝家族〟の形を感じ取っていただければうれしいです。

**井上**　サスペンス要素や人間ドラマなど、さまざまな要素を30分という短い中に詰め込んでいます。テンポもいいので、一気に楽しんでいただければと思います。

オフショットで振り返る撮影の思い出――

# 『アクトレス』メイキングDiary

緊張の連続だった撮影。その現場は想像以上に笑顔で溢れていた。ドラマの中では見られないお茶目な表情など、チームワークのよさがうかがえるショットが満載。オフショットにも溢れる“チーム・アクトレス”の絆にほっこり！

監禁シーンで、口に粘着テープを貼られた齊藤。何か言いたげ？

劇中では同居している齊藤（右）と
林。リラックスムードが漂う

永久不変の最強・最高バディ。撮
影現場でも息ピッタリ！

探偵事務所でバディを組んだ２人。大園の手には、メモをとるための手帳が

なぜか椅子の上に立つ矢柴を囲み、森田、大園、齊藤が大盛り上がり

“大捕り物”シーンは、森田の全力
疾走に合わせて撮影隊も大移動！

矢柴のアドリブ連発で、カ
ットがかかった後はゲラ
が高確率で発動！

劇団霧組チーム。ボー子役の日高と林は、オフでもすっかり意気投合

キュートなクマ耳のヘアバンドでノリノリの姿を見せる林

高校時代の回想シーンで見せた久しぶりの制服姿は懐かしさ全開！

市原家と中島家が全員集合！　父役の宮川を中心にして、仲よくピースサイン

# Crank up編

ドラマの中では冷ややかな表情だったあの人も、眉間にしわを寄せていたあの人も、クランクアップ後はこの表情！ともにひとつの作品を作り上げてきた家族のようなアクトレス＆アクターに「ありがとう」の花束を。

まるで本物の家族写真。早川のクランクアップを全員でねぎらう

週刊誌のカメラマンを眼光鋭くクールに演じた本間も撮了時はこの笑顔！

環菜の死に翻弄され続けた鴻巣を演じ切って安穏の表情を見せる袴田

作品を通じて絆を強めていった３人。撮影を終えて仲よく微笑む

希莉の母を演じた渡辺に花束を渡す小林

環菜のお仕事シーンでは、ふだんの活動の雰囲気を生かせたと伊藤

憎らしさだけでなく、愛らしさもある環菜役を見事に演じた

# 真瀬環菜編

憎しみ、憂い、幸せ……。真瀬環菜として、劇中でさまざまな表情を見せた伊藤理々杏。“これまでにない挑戦だった”と役を振り返る彼女の七変化をクローズアップ。画面に一瞬しか映らなかった貴重なショットも。

劇中でも時折見せた、憂いのある
表情にドキッとさせられる

里英と激しく言い争うシリアスなシーンの撮影から離れ、ちょっとリラックス

# 女優・真瀬環菜のトリセツ

がんばって描いてみました♥
by Riria

# 奈緒&希莉
## それぞれへの手紙

From Nao to Kiri

希莉へ

改めて奈緒には希莉が必要だなって
感じた日々でした。希莉の存在に
たくさん助けられました。
本当にありがとう！これからの
希莉の活躍、期待してます。
応援してるよ

奈緒より

From Kiri to Nao

奈緒へ

5年経った奈緒は本当に立派に
なってて事件を解決しようとする
姿がとてもかっこよかった！成長しすぎ！
奈緒に出会って感謝しかないです。
いつもありがとう。これからもよろしくね。

希莉

Message for each other

# 自分の役にありがとうの手紙

## 森田ひかるから森 奈緒へ

奈緒へ

今回奈緒の真面目さや
正義感が強くてひたむきな姿に
すごく嬉しくなりました。
これからも周りの皆さんのことを
大切に過ごしてね◡
奈緒、ありがとう―― !!!

森田ひかる

From Hikaru to Nao

## 齊藤京子から片山希莉へ

希莉へ

また希莉を演じられてとても
嬉しかったです!!
仲間想いで人一倍正義感が強い
希莉が大好きです!
何年経っても変わらず、周りの人に恵まれた
幸せな人生を歩んでください。

齊藤京子

From Kyoko to Kiri

## 小林由依から中島琴音へ

琴音へ

母親として、まだ分からないこと
だらけで、迷う日も沢山あると思うけど、
琴音が勇気をもって行動してくれたおかげで、
家族がどうあるべきなのか、その大切さに
気づかされました。ありがとうお疲れ様!!

小林由依より

From Yui to Kotone

## Message for each other

### 大園 玲から 田川朋美へ

朋美へ

初めて演じた役が朋美で嬉しかったです
朋美の元気さとまっすぐさが
演じ切ることを助けてくれました
奈緒ちゃん最優先なところが
大好きです

大園玲

*From Rei to Tomomi*

### 早川聖来から 市原叶音へ

叶音へ

いつもかっこよくて
憧れです！

早川聖来より

*From Seira to Kanon*

### 伊藤理々杏から 真瀬環菜へ

環菜へ

環菜ちゃんに出会い演じることで
学べたことが本当に沢山あったし、
普段経験できないようなことを経験
できてすごく良かったなと思っています。
色々な苦労をした環菜ちゃん。
どうか優しい気持ちを忘れずに
幸せになってね。

伊藤 理々杏より

*From Riria to Kanna*

### 林 瑠奈から 天野美樹へ

美樹へ

今回、私が演じた役が貴女で
本当に良かったなと思っています。
貴女の底なしに明るくて、気持ちに
まっすぐな所が大好きだし、
そんな自分にならせてくれてありがとう。
みんなに愛されている貴女みたいな人に
私もいつかなりたいです。

林瑠奈より

*From Runa to Miki*

# 天真爛漫な“ミッキー役”林瑠奈が『アクトレス』坂道メンバー7人の見どころを解説！

ミッキーこと天野美樹を演じた林瑠奈が、現場やドラマを見て感じたこと、7人の女優としての魅力などを熱く語る。

森田ひかる（森奈緒）

### 奈緒の持つ、どこかもの悲しい雰囲気を表情で体現

第1話の焼肉屋さんでのシーンが印象的でした。希莉さんと私たちが話をしているなか、取り残されているような寂しい表情をしているのですが、その表情の作り方が素晴らしいんです。会話にも少し加わるんですけど、私たちとは違う、悲しい雰囲気を常にまとっていて……。「何を考えているんだろう」と思わせる表情で、少し映るだけで気になってしまいました。

齊藤京子（片山希莉）

### どんなに笑っていてもカメラが回るとスイッチが入る！

現場では、お芝居の話はあまりせず、とにかくよく笑っていらっしゃいました。急にツボに入っちゃう瞬間があるらしく、そうすると抜け出せなくなって（笑）。でも、カメラが回ると一気に希莉さんのスイッチが入るのがすごい。目の色が変わるみたいに「あっ、切り替わった！」と感じるというか。希莉さんになった京子さんと目が合うとドキッとしました。

小林由依（中島琴音）

### 相手を気遣いながら現場を優しい雰囲気で包み込む

第4話の病院でのシーンでは、私のセリフの部分まで覚えていて「ここはこうだよ」と優しく教えてくださったり、私がNGを出したら「ここは私が少しタイミングを遅らせる」といった提案をしてくださったり……。琴音さんのように本当に優しく包み込んでいただき、心が救われました。琴音さんの5年間の成長を違和感なく表現されていたのも素敵でした。

早川聖来（市原叶音）

### 大人になった叶音を自然体で表現する姿に感動

早川さんとはまったくご一緒できなかったので、映像を見て、「叶音が成長した！」と思いました。『ボーダレス』配信時に学生だったこともあり、叶音がいちばん好きなキャラだったんです。お姉ちゃんとの関係性を見て共感して、「がんばれ！」と応援して（笑）。だからこそ、今回の成長ぶりには驚きましたし、琴音さんといい関係が築けていることに感動しました。

大園玲（田川朋美）

### 玲ちゃん本来の気質と役柄が見事にマッチ

何年も前から玲ちゃんには〝お姉ちゃん気質〟というイメージがあるので、朋美という役はぴったり。でも、森田ひかるちゃん演じる奈緒さんとの掛け合いを見ていると、私の知っている玲ちゃんの強い部分だけではなく、天然の朋美がクロスして、見ていて不思議な気持ちになりました。朋美は玲ちゃんが内に持っている部分とすごく近い気がします。

林瑠奈（天野美樹）

### 裏設定を役に取り込んでナチュラルなキャラクターに

美樹はどこにでもいそうな普通の大学生なのですが、等身大な女の子なだけに演じるときは意外と考えてしまって……。計算のないナチュラルさを保つのが難しかったです。ちなみにドラマには出てこない美樹の設定のひとつに、「モデル事務所にスカウトされてレッスン料をだまし取られた」というものがあります。それがいかにも美樹らしくて笑っちゃいました。

伊藤理々杏（真瀬環菜）

### どこかリアルを感じさせる演技は理々杏さんならでは

環菜は2次元感がある役なのに、どこかリアルに感じさせられるのが不思議で……。きっとリアルのさじ加減が素晴らしいんだと思います。第1話の焼肉屋さんのシーンの後は、理々杏さんに声をかけるのがためらわれるほど、空気がピリッとしていたんです。そういう空気を作る力も勉強になりました。環菜は理々杏さんだからこそ誕生したキャラだと思います。

# 坂道メンバー7人 直筆サイン入りチェキプレゼント

## ①森田ひかる

## ②齊藤京子

## ③小林由依

## ④大園 玲

## ⑤早川聖来

## ⑥林 瑠奈

## ⑦伊藤理々杏

**ドラマに出演した坂道メンバー7人の**
**メッセージ入りチェキを14名様にプレゼント！**

応募方法 ご希望の方は、ハガキに帯の袖裏の応募券を貼り、〒住所、氏名、年齢、職業、電話番号、ご希望のメンバーの番号、本書の感想を明記のうえ、
〒112–8011（住所は不要）
光文社「アクトレス メモリアルブック」係までお送りください。

締切り 2023年9月7日（木）当日消印有効

※当選者の発表は、賞品の発送をもってかえさせていただきます。ハガキの個人情報に関しましては、抽選及び賞品の発送のみに使用し、そのほかの目的には使用いたしません。

映像配信サービス「Lemino」オリジナルドラマ

# アクトレス

## STAFF

| | |
|---|---|
| 原作 | 誉田哲也　『アクトレス』(光文社刊) |
| 演出 | 頃安祐良 |
| 脚本 | 井上テテ |
| 音楽 | 松室政哉 |
| 主題歌 | 『深海魚』Thinking Dogs (Sony Records) |
| スチール | 木村直軌　池永一之　馬場亮太 |
| 製作 | 小林 智 (NTTぷらら)　田中智則 (NTTぷらら) |
| エグゼクティブプロデューサー | 寺島貴樹 (NTTぷらら)　秋元伸介 (Y&N Brothers) |
| チーフプロデューサー | 須賀田 大 (NTTぷらら)　高橋 亮 (NTTぷらら)<br>連 景伊 (NTTぷらら) |
| アソシエイトプロデューサー | 鈴木快明 (ワールドキャリア)　中根美里 (Y&N Brothers) |
| プロデューサー | 山下友浩 (ALiCE)　和田大輔　竹田祥央 |
| 協力プロデューサー | 金井 紘 |
| 制作プロダクション | UNITED PRODUCTIONS |
| 特別協力 | イースト・ファクトリー |
| 企画 | Y&N Brothers　ALiCE |
| 製作・著作 | NTTドコモ |

## BOOK STAFF

| | |
|---|---|
| PHOTOGRAPHER | 木村直軌　木村哲夫 |
| WRITER | 玉置晴子 |
| ART DIRECTOR | 中野 潤 (NO DESIGN) |
| DESIGNER | 山﨑健太郎 (NO DESIGN)　菅原 慧 (NO DESIGN) |
| EDITOR | 上野武留 |
| EDITOR IN CHIEF | 青木宏行 |
| SPECIAL THANKS | 乃木坂46合同会社<br>Seed & Flower合同会社<br>Y&N Brothers |


アクトレス 公式メモリアルブック

2023年6月20日 初版第1刷発行
光文社 エンタテインメント編集部・編

| | |
|---|---|
| 編集人 | 伊藤賢二郎 |
| 発行人 | 城戸卓也 |
| 発行所 | 株式会社 光文社<br>〒112-8011<br>東京都文京区音羽1-16-6 |
| 編集部 | 03-5395-8261 |
| 書籍販売部 | 03-5395-8116 |
| 業務部 | 03-5395-8128 |
| 印刷・製本所 | 三晃印刷株式会社 |




ISBN 978-4-334-95382-9




映像配信サービス
「Lemino」概要

【2023年4月12日（水）サービス開始】

感情でつながるLeminoならではの機能で、人気の映画やドラマはもちろん、独占配信のオリジナル、韓流作品や、スポーツ、音楽ライブまで豊富なコンテンツに出会える映像配信サービスです。無料コンテンツ（広告付き）のほか、月額990円（税込）の「Leminoプレミアム」ではさらに充実のラインナップをお楽しみいただけます。